めちゃくちゃ売れてる
マネー誌ダイヤモンド ザイ ZAiが作った

cost performance

# コスパで選ぶ生命保険入門

ダイヤモンド・ザイ
編集部 編

ダイヤモンド社

ある日突然病気やケガは我が身に及ぶ!?
～猪野知ファミリーと一緒に学ぶ保険のお話～
チュン
チュン
チュン
じゃあ行ってくるよ
忘れ物ない？
タモツ～ いい子にしてるんだぞ パパは会社に行ってくるからね
キャッキャッ
プニプニ
ほらタモツ パパに行ってらっしゃーいって
お仕事がんばってねー
プカ プカ
さて ここで読者のみなさんに紹介しておきまショウ
バイバーイ
くるっ
この元気いっぱいのサラリーマンは当ストーリーの主人公である猪野知守（イノチ・マモル）様デス
家族思いの優しいパパさんなのデスが そそっかしいのが玉にキズでして…
あっ！
いけねー 忘れ物忘れ物！
ピュー

そしてマモル様を見送っていた女性は彼の妻で猪野知 素菜恵（イノチ・ソナエ）様デス
ご主人とは対照的にしっかり者なのですがノリが独特というかいわゆる天然系というか…
お帰りなさい！
忘れ物だよ
そしてソナエ様が抱っこしてるのがご夫妻のおぼっちゃまの猪野知 保（イノチ・タモツ）くんデス ちょうど6カ月になりマス
さーてパパったら今日は何を忘れたんでしょーねー
何かなー何かなー？
ウヒヒ定期券でした
じゃあらためて行ってきまーす！
ドーン!!
ガシャン!!
うわー車が電柱に！
ピーポーピーポー
朝から大変な事故だなぁ
救急車早かったね

運転してた人 大ケガじゃないと いいけど…
ホントこわいわ パパも 気をつけてよ
おいおい オレはマイカー じゃなくて 電車通勤だから 交通事故とは 無縁だよ
歩道で信号待ち してるところに車が 突っ込んでくること だってあるんだから 油断は禁物よ
スマホ見ながら歩いてて 駅のホームから 落ちちゃう人だって いるんだし
大丈夫だって ちゃんと気を つけるからさー
じゃ 行ってくる！
ガン！
いてっ
じゃあね！
ほんと 大丈夫？
エレベーターの ドアで 頭打つ人 初めて見たわ…
ガタン ゴトン ガタン ゴトン
ガタン ゴトン
ふぅ 何とか 間に合った…
Online
電車は やっぱ安全 だなぁ
ガクン
この電車は 緊急停止 いたします！
わっ なんだ なんだ？

急病のお客様がいらっしゃいますので次の駅にて搬送のためしばらく停車いたします
ザワザワ
お急ぎのところ誠に申し訳ございませんが何卒ご理解のほどお願い申し上げ……
事故に急病と今朝は騒動続きだな…
急病になるなんてかなり高齢の人だったのかな
あっ
うわー まだ若い人だ!……
ソナエの言う通りオレも気をつけないと…ん?
なんだこの広告は…
2013年中の救急出動件数
搬送人数とも過去最高を記録!
そこの働き盛りのアナタもけっして他人事ではありません
フーネットのワンポイント解説
総務省がまとめた「平成25年の救急出動件数等(速報)」によると平成25年中の救急出動件数は前年比2%増 搬送者数1・8%増でともに過去最高を記録
救急出動件数は過去最多を記録!
(万件)
650
600
550
500
450
400
350
0
8
(%)
6
4
2
0
-2
-4
-6
増減率(右目盛り)
年間出動件数(左目盛り)
2003 04 05 06 07 08 09 10 11 12 13 (年)
そして搬送者で最も多かったのは急病人で全体の6割以上を占め次いで一般負傷(14・5%)デシタ ある日突然病気やケガは我が身に及ぶ?
へー

ん?
うわ これもか…
頻度にすれば日本人は25秒に1人のペースで死に瀕している計算に!
人は誰もが死と隣り合わせ
フーネットのワンポイント解説
厚生労働省が発表した「平成25年人口動態統計(確定数)」によれば平成25年中に日本人は平均して31秒間に一人のペースで生まれ25秒間に一人のペースで亡くなっていたそうデス
31秒に1人
25秒に1人
少子化と人口減の進行のみならず「死は決して他人事ではない」ことを痛感させられます
まだ動かないな…
こっから降りて歩いてくか…
でもオレにもしものことがあったらどうなるんだろう
ソナエもタモツも悲しむだろうし生活にも困っちゃうだろうな
ん?
そろそろ保険のことマジに考えなくちゃ!
ネット生保でキマリだね!
!!
ネット生保?いったい何だ?

パッ!
ネット生保とは
主にインターネットで販売している生命保険会社です
あっ変わった!
フーネットのワンポイント解説
通常保険会社は全国各地に支店を設けて対面での販売が中心
OX生命
保険
これらとは一線を画し店舗を持たずにインターネットを介して保険の見積りや申し込みができる保険会社が「ネット生保」デス
ネット銀行やネット証券などと同様、保険もネットの時代に入りマシタ
それで結局のところなんでネット生保でキマリなんだろ?
なぜならネット生保は
ローコストで
保険料が安い!
パッ!
あ、また変わった
フーネットのワンポイント解説
店舗を持たないネット生保は一般の保険会社と比べて人件費をはじめとするコストが少なくて済みマス
付加保険料
純保険料
販売経費を抑えられるので、付加保険料がその分少なくて済みます。
その分だけ保険料を安く設定できるのデス
加入する側にとっては歓迎すべきことデスね

……なるほどね
保険料が安いのはうれしいけど他にネット生保のメリットはないのかな?
パッ!
まだまだ! ネット生保はシンプルでわかりやすい商品設計
おお!
フーネットのワンポイント解説
保険に関する不満でよく聞くのは「専門用語だらけで商品の仕組みも複雑でわかりにくい」という声
一般的な保険は特約がたくさんになることも
特約
特約
特約 病気・ケガ
特約 万一のとき
特約 万一のとき
だから営業担当がじっくり説明するわけですが聞けば聞くほどわからなくなることも…
ネット生保だとシンプル!
働けなくなったとき
病気やケガのとき
万一のとき
その点ネット生保は商品がシンプルなのでホームページを見るだけでわかりやすい
けど保険会社の人から長々と説明を聞くのは苦手なんだよな…
パッ!
いえいえ ネット生保ならマイペースで検討できネットで楽々申し込める!
おお!

ネットで申し込めるから
時間もかからない
よし終わった
さぁサッカー見よ
24時間
自分の好きな時に
調べられる
そういえば
あの保険なんスて
名前だっけ？
子育て中でも
スマホで資料請求や
見積りができる！
わからないことがあっても
コールセンターが対応して
くれる
どのようなご質問でしょうか？
CALLCENTER
フーネットのワンポイント解説
忙しいビジネスマンだと営業職員の話をじっくり聞くのも難しいデスね
その点ネット生保なら自分の好きな時間にホームページで研究したり見積りをとることもできマスよ
わからないことはコールセンターに電話すれば即座に答えてもらえマス
おーっならもうネット生保でキマリじゃん！さっそく調べてみよーっと！
やべっ、会社！
よし今日ウチに帰ったら「ネット生保」で検索だー！
Daaaash!
あっそうそうワタクシの自己紹介をすっかり忘れていましたね
ワタクシの名前はフーネット
保険のことはすべて熟知しているのが自慢でして生ける保険のデータベースのようなものとイメージして下さい
そしてワタクシの使命はマモル様がご自分に最も合った保険を選べるようにナビゲートすること
さぁ読者のみなさんも猪野知家の人たちとともに保険のことを学んでいきましょう！

CONTENTS

# 第2章 公的保障のことを知っておこう

掛けすぎを防ぐために知っておきたい基礎知識

第3章

## スラスラわかる！医療保険

病気やケガは一生涯の保障にしよう



第4章

## スラスラわかる！就業不能保険

生命保険や医療保険でカバーできないものがある！

# 第5章 保険の見直しをしてみよう

保障アップでコストダウンもできるかも！

第6章

こんなに簡単でいいの？

# ネットで10秒見積りにチャレンジ！

表紙＆マンガ／ＪＥＲＲＹ
編集協力／ライフネット生命保険

第 1 章

コスパのよい保険をゲットしよう

# スラスラわかる!生命保険

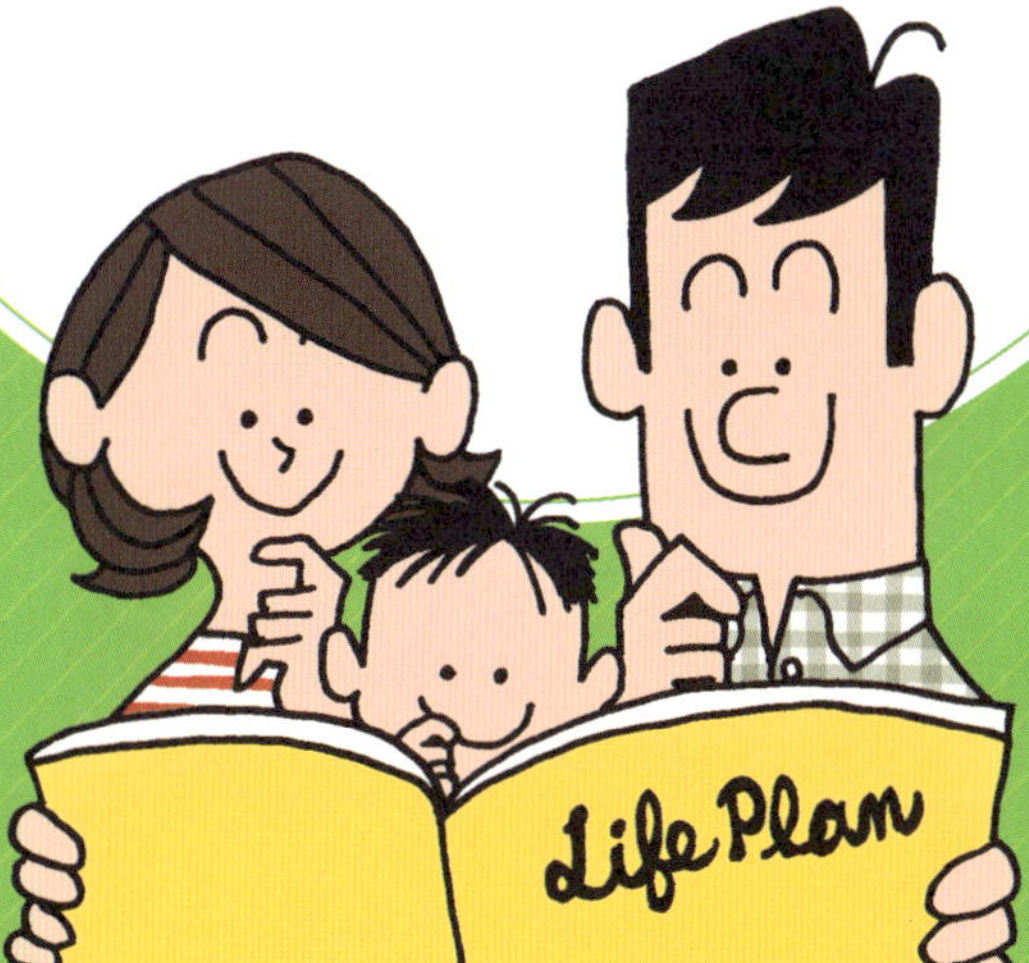


子どもが生まれたことをきっかけに、保険のことを
調べ始めた猪野知ファミリー。さてその行方は?

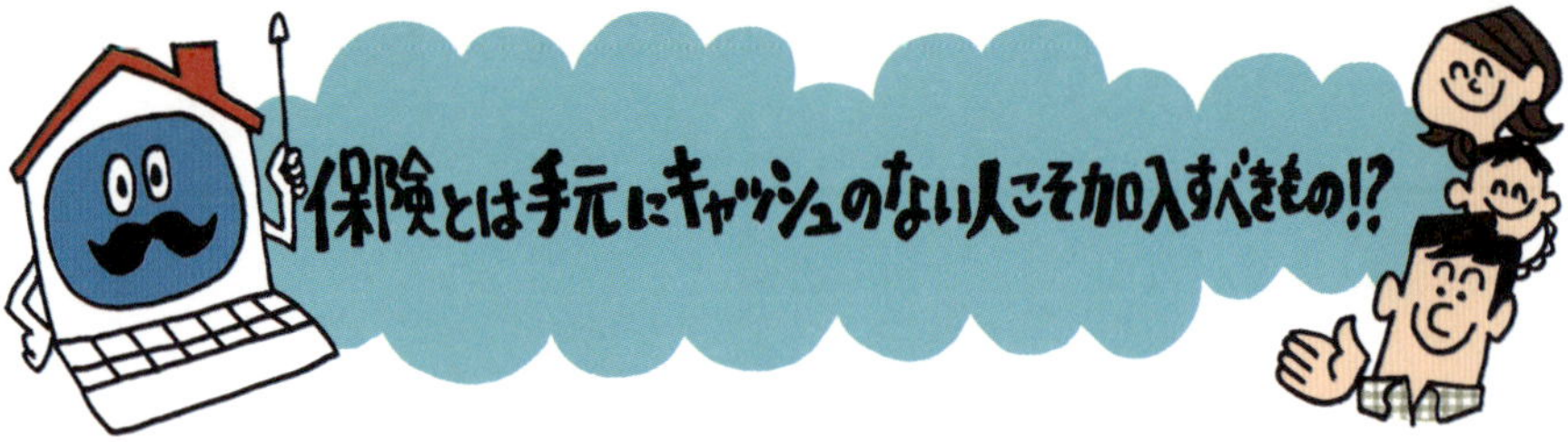

# 保険とは手元にキャッシュのない人こそ加入すべきもの!?

・・・・
ほらパパの困った顔が面白いって
ダーダー
ガラガラガラ
モクモク
あっ
?
モクモクモクモク
何だ？
まぁ
ダダー
ジャーン!
BOMB!
私の名前はフーネット
保険のことなら全ておまかせ！
FUNET!
フーネット？
さっそくですが「お金がないから保険に入れない」というのはまちがいデス
まず失礼ながらご主人様の年収はおいくらほどデスか？
えーと確か、400万ぐらいだったかな・・・
ほんとに失礼だ・・・・
もしもご主人様が明日この世とサヨナラしちゃったらその400万が入ってこなくなりますデスね
縁起でもないこと言わないでくれよ
そりゃそうだけど・・・

でもその確率はゼロではありませんし年齢を経るにつれてどんどん高くなっていくわけデスね
そんなことになったらどうしましょ
私がパートとかで働いたとしてもとても親子2人が食べていくのは無理よね・・・
ねぇパパどうしたらいい？
うるうる
どうしたらって・・・
ホントにどうすりゃいいんだよー
いきなり400万円を用意できないからこそ保険に入るのデス
ご主人様なら2000万円ぐらいの死亡保障をかけておけばママとおぼっちゃまが路頭に迷うこともないデス
死亡保障の目安
夫婦・・・年収の3年分
子供・・・ひとりにつき1000万円
そっかー！手元にまとまった蓄えがないからこそ保険でカバーするってことか！
その通りデス
貯蓄が多くない人や収入が少ないという人こそ保険を活用してピンチに備えるのデス

To Be Continued…

# 生命保険ってそもそもどういうもの？

## 遺された家族が金銭的に困らないために加入する

マンガの主人公である猪野知家では、長男タモツが生まれたことをきっかけに、保険の加入を検討し始めた。子どもが生まれたら、保険くらい入っておかなくちゃ、それこそ親の責任だ！くらいのノリだが、ここでは改めて、そもそも保険ってなんだっけ？というところから説明を始めよう。

保険とは、「もしも」の事態に備えるもの。加入しておけば、「もしも」が現実となったときに、あらかじめ約束されていた金額の保険金が支払われる仕組みだ。

では、具体的にどういった「もしも」に備えておくべきなのだろう？生命保険には死亡保険、医療保険、介護保険、年金保険などいろいろな種類があるが、まず考えたいのが死亡保険。この名称からも想像がつくように、加入者が「亡くなった（命を失う）」ときに、家族の生活を支えるのが死亡保険だ。

## 大黒柱として、家計を支えているなら要検討

当然ながら、死亡保険金は加入者自身が受け取ることはできない。遺された妻や子どもなどが受け取ることになる。

ここで重要になってくるのが、「家族が金銭的に困るかどうか？」ということだ。自分に万一のことがあっても、遺された家族が金銭的に困らない状況であれば、保険はそれほど必要ではない。

たとえば20代で社会人になりたての独身者なら、遺された家族は親や兄弟など。本人に生活を依存していなければ、金銭的に困る人はいないだろう。親に負担をかけないように、葬儀代や身辺を整理する費用くらい

## タイプ別保障の目安をチェック!

### 葬儀代や身辺整理の費用程度で

死亡保険は基本的に「遺される家族」のためのものなので、多額な保障は必要ない。ただ、葬儀代や身辺を整理するための費用は用意しておきたい。

**独身**
保障の目安▶ **500～1000万円**

### パートナーの生活を立て直せるよう準備

お互い収入があるので、大きな保障は必要ないが、遺されたパートナーが生活を立て直すために必要な金額を用意しよう。

**共働き**
保障の目安▶ **1500万円**

### 子どもの教育費分を上乗せしたい

専業主婦の場合は、当面の収入が期待できないので、保障の必要度は高い。さらに、子どもの教育費分を加えて用意したい。

**ファミリー**
保障の目安▶ **2000～3000万円**

### 子どもの生活のためにしっかりとした保障を

パートナーがいない場合、遺された子どもだけになってしまうので、保障の必要度は高い。当面の生活費と教育費を用意しよう。

**ひとり親**
保障の目安▶ **3000万円**

を用意しておけば十分だ。

　また、子どもがいなくて、共働きでバリバリと稼いでいる夫婦なら、どちらかに万一のことがあったとしても、生活はしていける。多額の死亡保険金は必要なさそうだ。

　あるいは、自分の亡き後も家族が困らないように、たっぷりと貯蓄をしているのなら、保険に頼る必要はないだろう。

　だが、家族持ちのごくフツーのファミリーでそういった人は少数派だろうし、猪野知家のように夫が大黒柱として家計を支えているのなら、死亡保険への加入を検討してみたほうがいい。

　結婚したときや、子どもが生まれた時に、保険を考え始める人が多いのは、そういった理由があるからなのだ。

# あなたが死んだらどうなるか考えてみまショウ！

## 家族はお金のことでも困ってWショックに！

縁起でもない話だが、非常に大切なことなので、あえて具体的に考えてみたい。もしも、自分に万一のことがあったら、遺された家族はどうなるだろうか。精神的&経済的なダブルパンチを受けることになる。

まずは猪野知家のように、夫が大黒柱として稼ぎ、妻が専業主婦というごく一般的なファミリーの場合。夫の収入が途絶えてしまうと一気に賃金収入がゼロになってしまう。遺族年金などの公的保障が支給されたとしても、夫が元気に稼いでくれていた頃と比べれば、収入が激減するのは必至だ。子どもがいれば、将来の教育費のことも気掛かりになる。子どもの数が多ければ多いほど、その不安がいっそう増していくだろう。

仮に妻は専業主婦ではなく働いていたとしても、以前と比べて家計の収入が大きく減ってしまうのは間違いない。共働きの場合は妻に万一のことがあっても、家計へのダメージは大きい。

一方、専業主婦である妻が亡くなったとしたら、どのような状況に陥るだろうか？

収入は変わらないかもしれないが、妻がやっていた家事を誰かがこなさなくてはならなくなる。仲良しの親兄弟が近くにいて、サポートしてくれるようなら心強いが、そううまくはいかない。

小さな子どもがいれば、保育園やベビーシッターに預ける必要が出てくるだろうし、夫が家事をこなしたり育児に関わったりする時間は必然的に増え、結果的に収入減となる可能性も考えられる。

いずれのケースも程度に違いこそあれ、遺された家族は経済的ダメージを受けるわけだ。ただ、どの程度

## どんな費用が必要になるか考えてみよう

のダメージになるかは個々の家族によって異なる。自分の家計と照らし合わせて、試算しておくといい。

### 保険料とは、リスクを回避するためのコスト

そういったダメージを軽減するために活用したいのが、死亡保険なのだ。マンガの中でマモルがお小遣いを減らされそうになって、「保険に入るのは、もう少しお金が貯まって余裕ができてからにしようぜ」と泣き言を言うが、万一のことはいつ起きるかわからない。お金が貯まるのを待っている余裕はないのだ。

そして、貯蓄が多くない人や収入が少ないという人こそ、死亡保険が役に立つ。ピンチに備える保険料とは、そのために支払うコスト（必要経費）なのである。

# 保険料はコスト
# 安くするのが賢い方法デス！

## 分不相応な保障だとコスト高で〝本末転倒〟

一家の大黒柱を失った際に発生する経済的ダメージは、数千万円レベルに達するものだ。家族を守るためには、薄給を嘆くマモルであっても2000万円くらいは用意したいところ。貯蓄の少ない家族こそ、保険料というコストが必要になる。

では、このコストはどの程度が妥当なのだろうか?

ある意味、保険料は電気代や水道代、ガス代などの光熱費に似ている。いずれもライフラインを使うためのコストだから、生きていくうえでは必要なものだ。しかし、こうした固定費こそ、毎月発生するものだから、少なければ少ないほど家計はラクになるというわけ。

もちろん、遺族の手に渡る死亡保険金は高額であればあるほど、より大きな安心をもたらすことになるが、死亡保険金が高額になると、それに比例して保険料もアップしてしまう。結果、夫のお小遣いがきゅーっと圧縮されてしまうなど、高額の保険料を捻出するために、節約を重ねてギリギリの生活を強いられるというのは、まさに〝本末転倒〟。

保険料はコスト——。保険について検討する際には、つねにこのことを意識したい。同じ保障内容ならできるだけ安い保険料で加入するのが賢いやりかた。そのためには面倒がらずに、複数の保険を比較検討すること。また、割安な保険料が魅力のネット生保も有力な選択肢となる。

**まとめ!**

- **保険料はコスト。できるだけ安くしよう**
- **自分の身の丈に合う保険金にしよう**
- **ネット生保は有力候補**

## ネットで入ると保険料が安くなる!?

### 保険料の内訳はこうなってる!

付加保険料
（経費など）

保険会社が手数料として受け取るお金。販売経費（人件費）や店舗家賃などさまざまな経費が含まれる

純保険料

保険金や給付金に充てられるお金

### 対面販売とネット生保を比べてみると…（死亡保険の例）

【対面販売方式】
営業職員を介した対面販売方式だと、コスト部分が増えてしまう

販売経費
（人件費）
店舗家賃など

付加保険料
（経費など）

純保険料

【ネット生保】
ネット販売が中心となるので、その分のコストがカットできる!
↓
おのずと安くなる

なるほど、
会社によって
保険料は
違うんだね

＊付加保険料と純保険料の割合は、年齢や性別、商品の種類などによって異なる。

# 保険とはむしろ手元にキャッシュを残すための手段!?

えーっ！
いつの間にこんなに貯め込んだの
YES
マジ、これ保険料に回してもいいの？
ソナエおまえってやつは！
ガバッ
エヘヘ
キャッキャッ
バタバタ
あ、タモツ
おータモツも喜んでくれるのか
パパもうれしいぞ
キャッキャッ
よーしパパとあそぶか
たのしいねーたのしいねー
キャッキャッ
バタバタ
いてっ
ボコン！
バタバタ
虎の子の預金に手をつけてはなりませんデス！
BOMB!
え？
モクモクモク
あ、また出た
フーネット！
ダーダー

まとまったお金を手元に残しておくためにも保険を活用するのデス！
アナタの日本語ヨクワカリマセーン
もっとわかるように説明してよ
では…
コホン
保険に入っておけばご主人様に万が一のことがあった場合にもご家族が金銭的に困ることはないでしょう
だがしかーし！
あくまでそれでカバーされるのは普段の生活に関してデス
ぐおおおお
もしも何らかの事情でまとまったお金が必要になったらどうしますデスか？
いや、そのときはソナエが貯め込んでるヘソクリを…あっ
そっかー保険の支払いに回してしまったらもうなくなってるじゃん……

TO BE CONTINUED

# 貯蓄と保険の両建てで「まとまった出費」に備えマス

## 必要な時期や金額が想定できる出費もある

人生には生活費以外に何かとお金がかかるものだ。友人や同僚の結婚といった冠婚葬祭からエアコンや冷蔵庫などの電化製品の故障など、不意を突いてお金が出ていく「急な出費」が意外に多い。

猪野知家のように毎月ギリギリの生活をしていると、そのたびに四苦八苦することに。だからこそ、しっかり者のソナエは、密かにせっせとヘソクリを蓄えているのだ。

「急な出費」だけでなく、必要になる時期や大まかな金額を想定できる「まとまった出費」への準備も忘れてはならない。典型例が子どもの教育費で、猪野知家もタモツくんの将来のためにコツコツ積立貯蓄を始めている。

そして、いずれはマイホームを購入したいという夢もある。そのための頭金も、やはりコツコツと積み立てておくことが結局は早道になる。

このように、時期や金額がある程度想定できるものは、「貯蓄で備える」のがセオリー。すぐにまとまったお金が用意できるわけではないが、目標に向かって少しずつ貯めていくので、〝貯金は三角〟とも言われる。

## 予測不能のリスクには保険で備える

これらとは対照的に、必要となるかどうかは確定していない出費もある。思いもかけないリスクにはどう対処すべきなのだろう。

たとえば、クルマの盗難に遭うとか、大きな病気にかかって働けなくなるとか、家が火事になってしまうとか…。そんなことになったらどれだけ出費がかさむかわからないから不安だといって、そのためにせっせと貯蓄に励んでいるという人はあ

## 貯金は三角、保険は四角

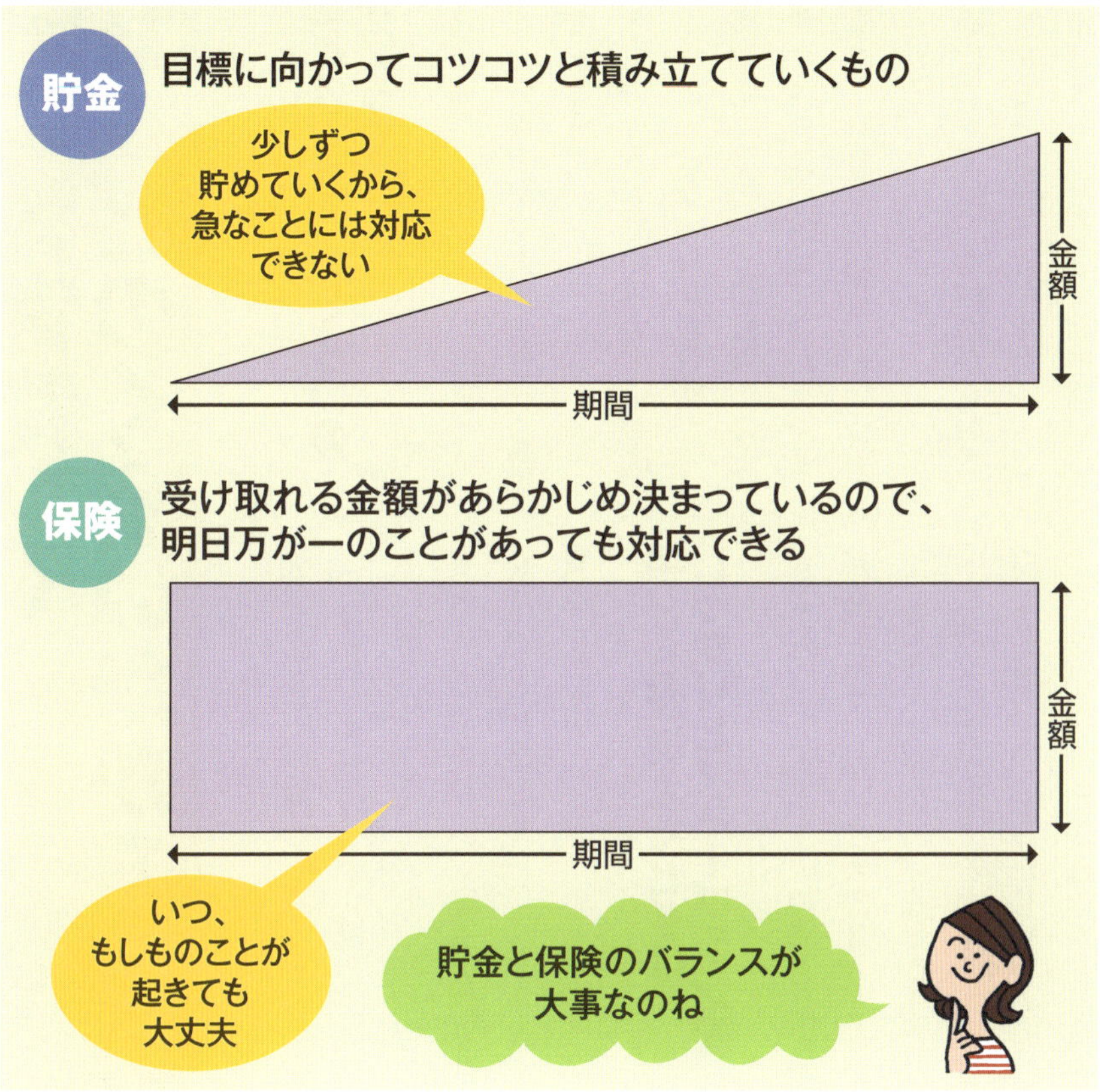
貯金
目標に向かってコツコツと積み立てていくもの
少しずつ貯めていくから、急なことには対応できない
金額
期間
保険
受け取れる金額があらかじめ決まっているので、明日万が一のことがあっても対応できる
金額
期間
いつ、もしものことが起きても大丈夫
貯金と保険のバランスが大事なのね

まりいないだろう。

逆を言えば、いつどのくらいの規模で発生するかわからない、予測不能の出費に対しては、「保険で備える」のがセオリー。保険に加入していれば、明日万一のことが起こっても、まとまったお金が用意できる。〝保険は四角〟と言われるのは、そういうことなのだ。

貯金と保険は役割が違う。どちらかだけに頼るのではなく、貯金と保険をバランスよく組み合わせたマネープランを考えるようにしたい。

**まとめ！**

- 貯蓄と保険の両建てで考えよう
- 時期や金額が想定できるものは「貯蓄」で準備
- 予測不能のリスクには「保険」で備えよう

# 教育費ってどのくらいかかるものなの？

## 私立と公立では倍くらいの差が出る教育費

では、実際、まとまった出費とはどのくらいなのか。大体の目安を紹介しておこう。

子どものいる家庭の場合、一番考えなくてはいけないのが教育費だ。左の図を見てほしい。幼稚園から大学まですべて公立学校に通わせたとしても、1000万円以上というお金がかかる。

家庭によっては、幼稚園からお受験をさせて一貫校に行かせたい、という希望もあるだろう。幼稚園から大学まで私立に通わせるときの目安は約2368万円。公立校とは倍以上の開きがある。この他、塾や習い事をもっとさせたい、短期留学をさせたい…となると、どんどん教育費はかさんでいく。

## 子どもが増えたときはしっかりとマネープランを

また、子どもが1人のときは計画が立てやすいが、2人、3人となってくると、入学の時期などが重なり一時的な出費が増えるタイミングも出てくるので、あらかじめどの時期にいくらくらいかかるのか、計算をしておく必要がある。

小学校だと、1人あたり年間で30万円程度、2人が重なっても60万円程度だが、2人同時に大学に進むとなると、国公立大学に行ったとしても年間で250万円以上の学費がかかってしまう。さらに、地方から中央の大学に通うとなると子どもの生活費も上乗せされるので、費用はますますアップ。先々を見据えたマネープランが重要になってくるだろう。

教育費はなるべく早いうちから積立などで用意しておくべき。生命保険を考える際も、重要なポイントとなってくる。

## 公立で1000万円、私立で2000万円以上が必要!

### 私立と公立では1000万円以上の差が!

（凡例：■公立　■私立）

| | 幼稚園（3年） | | 小学校（6年） | | 中学校（3年） | | 高等学校（3年） | | 大学（4年） | | 合計 |
|---|---|---|---|---|---|---|---|---|---|---|---|
| ケース1（全て公立） | 66万円（公立） | + | 183万円（公立） | + | 135万円（公立） | + | 116万円（公立） | + | 518万円（公立） | = | 1018万円 |
| ケース2（幼稚園と大学が私立） | 146万円（私立） | + | 183万円（公立） | + | 135万円（公立） | + | 116万円（公立） | + | 690万円（私立） | = | 1270万円 |
| ケース3（高等学校と大学が私立） | 66万円（公立） | + | 183万円（公立） | + | 135万円（公立） | + | 289万円（私立） | + | 690万円（私立） | = | 1363万円 |
| ケース4（幼稚園、高等学校、大学が私立） | 146万円（私立） | + | 183万円（公立） | + | 135万円（公立） | + | 289万円（私立） | + | 690万円（私立） | = | 1443万円 |
| ケース5（小学校のみ公立） | 146万円（私立） | + | 183万円（公立） | + | 389万円（私立） | + | 289万円（私立） | + | 690万円（私立） | = | 1697万円 |
| ケース6（すべて私立） | 146万円（私立） | + | 854万円（私立） | + | 389万円（私立） | + | 289万円（私立） | + | 690万円（私立） | = | 2368万円 |

※文部科学省「平成24年度『子供の学習費調査』」、日本政策金融公庫「教育費負担の実態調査結果（国の教育ローン利用勤務者世帯）」（平成25年度）

※上記、教育費には、学校教育費のほか、学校外活動費、給食費、生活費などを含む。私立大学は文系の場合にて計算。

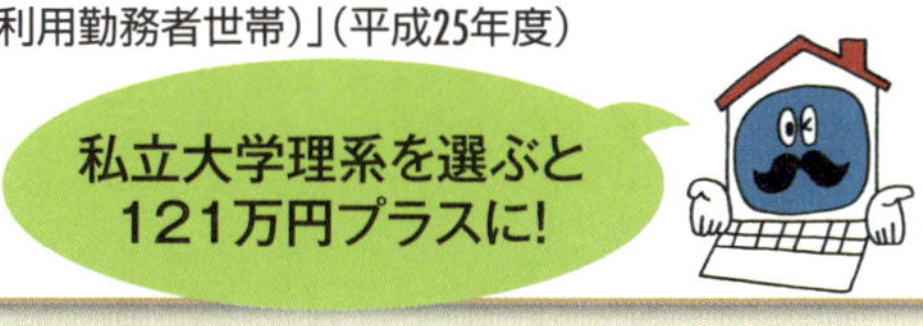


### 3歳違いの子ども2人の教育費は？（全て公立の場合）

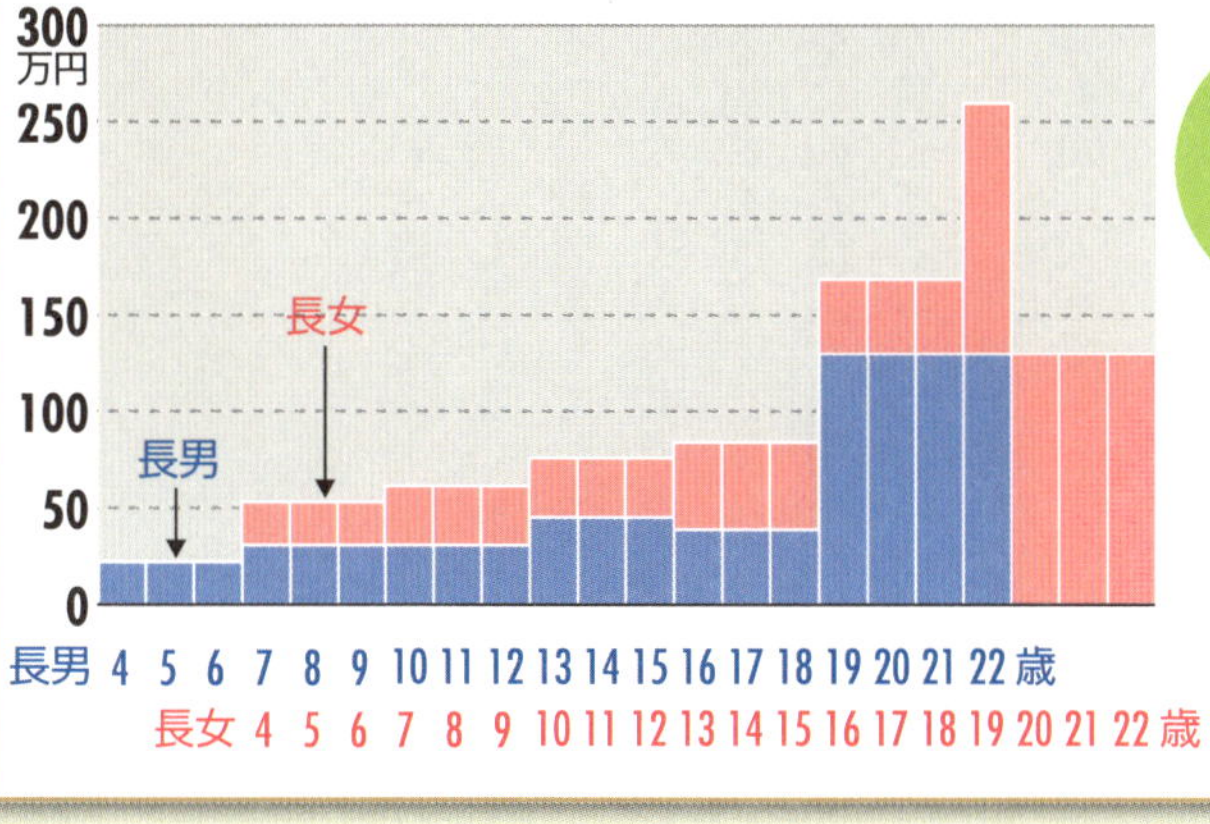

# 万一のときの「住居費」ってどう考えたらいいの？

## 住宅ローンは団信でチャラになる

出費を考える際、「日々の生活費」「教育費」「住居費」「その他」と、大きく4つに分けて考えるといい。

その中でウェイトが大きいのが、「住居費」だ。

親と同居しているからかからないという人もいるかもしれないが、賃貸であってもローンを払っている場合でも、月に10万円前後かかっている人は多いはず。夫に万一のことがあったとき、生活を立て直す際には住居費をどうするか、というのは大きな問題となる。住居費があるかないかで、遺された家族の負担はずいぶん変わってくるからだ。

今の住まいによって考え方は異なるので、ケースごとに見ていこう。

まず、持ち家の場合。ローンのない家に住んでいるなら特に問題はない。固定資産税などは発生するが、月々の住居費はかからない。

住宅ローンがあるケースでも、ローンを組む際に、団体信用生命保険（団信）に加入している場合が多いので、契約者に万一のことがあった場合、残りのローン分は団信で賄うことができる。その時点で、住宅ローンはゼロになるわけだ。まれに団信に加入していない場合もあるので、そこは確認をしておきたい。

また、夫婦の共有名義になっている場合も注意が必要だ。夫のローン分にのみ団信が適用されるので、妻が負担するローン分はそのまま残ってしまう。保障を考える際は、その点も頭に入れておこう。

## 賃貸の場合は負担が重くなる

問題なのは賃貸の場合だ。同じ家に住むのなら、これまでと同じ賃料がかかるので、それをベースにマネ

## 住宅ローンがある人より賃貸派が危ない!

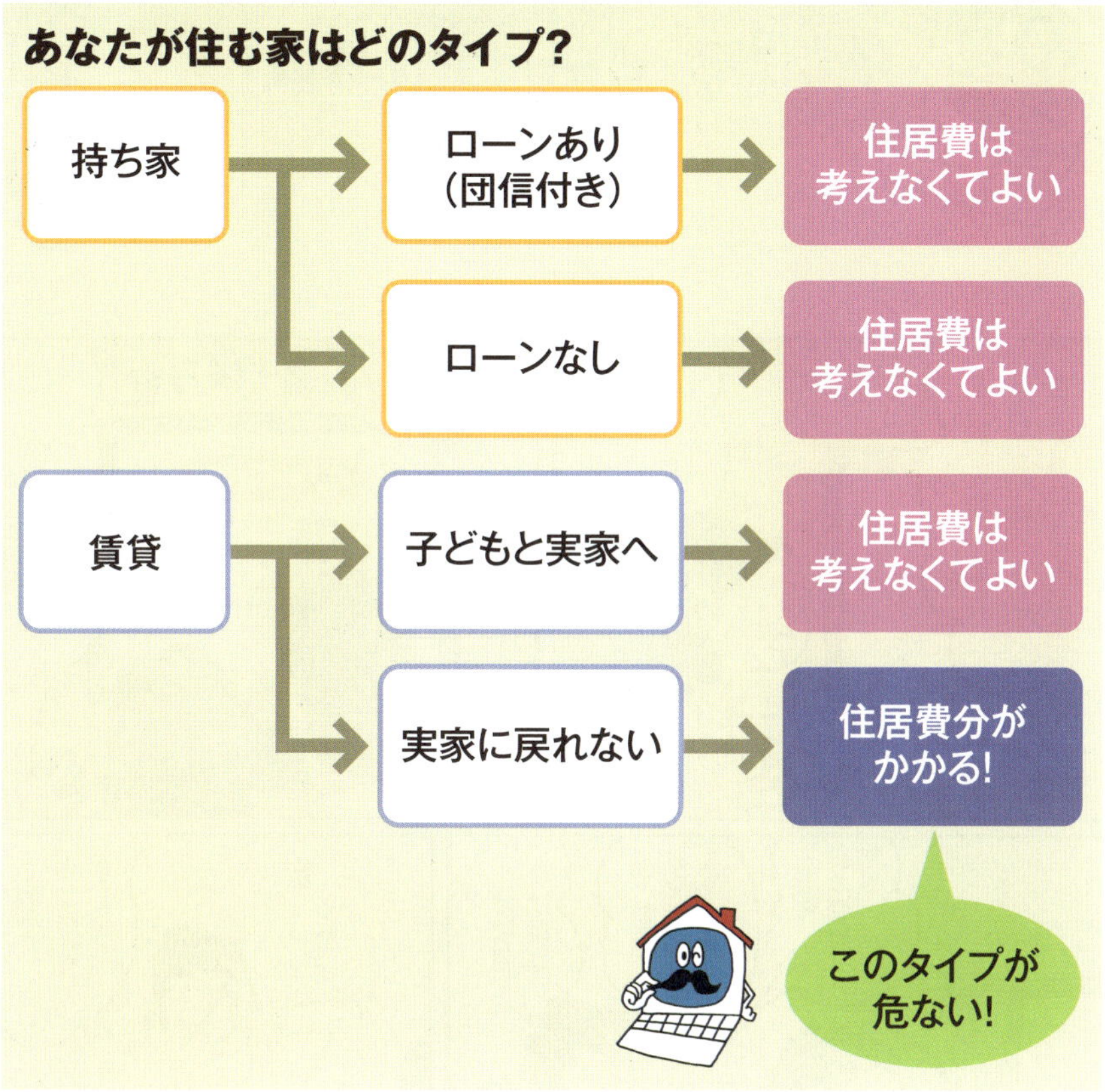

**まとめ!**

- 住まいによって遺された家族の負担が変わる
- ローンがある人は、団信に入っていれば安心
- 賃貸の人は、住居費を削れないので要注意

ープランを考えるしかない。安い物件に移動するにせよ、引っ越し費用などもかかってくる。また、夫の会社の社宅住まいの場合も、いずれ出ていくことになるので、今まで以上の賃料を払うことになるだろう。

こうなると、実家に帰ることも選択肢のひとつ。小さな子どもがいる場合は、妻が働いている間、面倒を見てもらえるかもしれないし、食費などの生活費を圧縮することもできそうだ。日頃から親と仲良くしておくこともリスク管理のひとつ!?

# 死亡保障の目安は3年分の年収！

やりやがったな…
キャッキャッ
……
キャッキャッ
ホラホラ
かわいい…
キャッキャッ
やっぱりもう一回考えようかな
死亡保障が少なすぎる気がする
どうしたの?
だってタモツはまだこんなに幼いんだぜ なのにオレがポックリ死んじゃったら キミ一人でタモツのことを養っていけるのかな…
う〜ん 私ってパートぐらいしかできないと思うし どうなっちゃうのかしらね
だよな…
じゃあオレが先立った後も5年ぐらいは働かなくて済むように… いや10年ぐらいは… いやいや タモツが成人するまでは……
ダーダー
ボコン!
ダー!!
いてっ
どうやら死亡保障のことでお悩みのようデスね
モクモク
出たーフーネット

単刀直入に教えてくれよー
いくらの保障が必要なんだよー？
と言われましても世帯を支えていらっしゃる人の年収や家族構成によって必要とされる保障額は変わってきますからねぇ
じゃあパパの年収は大したことないから我が家はそんなに保障が必要ないってことね
ドテ
オマエなあ…けどタモツのこともちゃんと考えてあげないと！
そうおぼっちゃまの将来のことはちゃんと考えておくべきデスね
だよね
ホラ
まずご主人様に万一のことがあったら奥様も働き始めるでしょう
年収の3年分
しかしながらその猶予期間の意味合いも込めてご主人様の3年分の年収に相当する死亡保障は最低限確保したいところデスね

よーし じゃあ死亡保障は オレの年収×3で キマリ！
ご自分から おぼっちゃまのことを 心配していたのに もうお忘れ デスか？
えっ
奥様のために残すのが 年収の3年分で それにプラスして おぼっちゃまの教育費も 確保するのが 理想なのデス
じゃあパパの年収の 3年分よりも タモツの教育費として 考えておくべき お金のほうがはるかに 大きくなるかもね？
いちいち傷つくことを…
タモツ、 オマエはきっと 親孝行だから 大学まで公立で 通してくれるよな なっ、頼むぜっ！
ダーダー…
だめだこりゃ…
TO BE CONTINUED

# 遺された家族の一生分を保険でカバーする必要はアリマセン

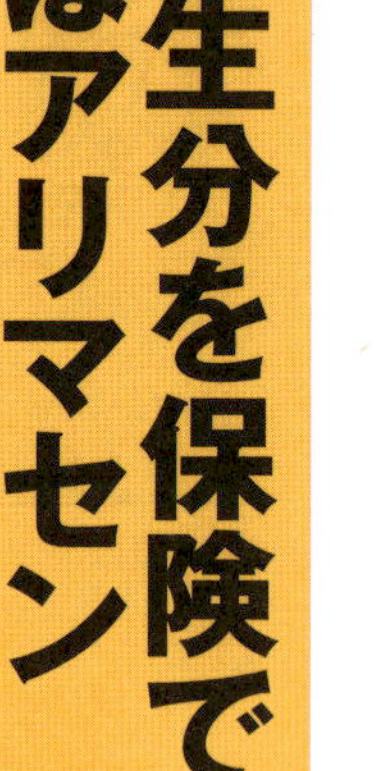

自分が亡くなったあと、大切な家族には生活の心配をかけたくない。一家の主として、〝一生分の〟生活費を保険だけで用意するぞ！と思うと、実は大変な額になってしまう。

たとえば、タモツくんが成人する20歳になるまでの20年分として考えてみよう。単純に、マモルの年収400万円×20年＝8000万円。20年間の掛け捨て定期保険でも、8000万円の保障に対する月額の保険料は、30歳男性の場合1万円を優に超える。これでは、節約ランチまっしぐら、マモルのお腹は鳴りっぱなしになってしまいそうだ。

## 子どものいる人は教育費も念頭に！

そこで、猪野知家の結論もそうであったように、死亡保険金の目安は年収の3年分と考えよう。

夫を亡くした時点ではソナエのように専業主婦だったとしても、3年という月日があれば、生活を立て直すには十分だろう。親元に帰るとか、妻が仕事について収入を得られるようになるとか、新しい生活環境で落ち着きを取り戻しているはずだ。死亡保険金は、それまでの〝つなぎ資金〟という位置付けなのである。

## 保険金と保険料とのバランスはどう考える？

いくらマモルが薄給であろうと、彼にもしものことがあったら、一家にとって一大事だ。そのために加入するのが死亡保険だが、具体的にどれくらいの保障を考えておけばいいのだろう？

もちろん保険金がたくさん出るほうが安心だろうが、その分、保険料負担も重くなるのは悩ましいところ。保険金額もさることながら、月々どのくらいの保険料を払えるのか、お財布との相談も必要だ。

## 死亡保険金の目安は?

年収 × **3年** 遺された家族が生活を立て直すまでの期間 ＋ **教育費** 子ども1人につき**1000**万円 ＝ **保険金額の目安**

ただし、どうしても私立に通わせたい、という場合は、子ども1人につき2400万円程度かかリマス

**年収400万円のマモルの場合**

**400**万円 × **3**年 ＋ **1000**万円 ＝ **2200**万円
＋
**1000**万円 ＝ **3200**万円

**もし、弟か妹が生まれたら教育費の1000万円分を追加!**

**まとめ!**

- **遺された家族の一生分を用意する必要はない**
- **年収の3年分＋教育費をひとつの目安にしよう**
- **死亡保険金は、家族が立ち直るまでのつなぎ資金**

そして、子どもがいる場合は、その子が大学に入るまでの教育費もキープしておきたいところ。その分を上乗せした金額が最低限用意したい死亡保障となる。

猪野知家の場合は、年収４００万円×３年＋教育費１０００万円＝２２００万円。

もちろん、あくまでそれは目安。もっと死亡保障を厚くしないと気掛かりだし、そのための保険料負担も苦にならない人もいるはず。家計が許容する範囲で考えてみよう。

# 人生のステージに応じて必要な保障額は変化するのデス

## 子どもが成人すれば、教育費の心配は無用に

「死亡保険金の目安は年収の3年分＋教育費」と結論づけたが、金額で考えると、歳月が経ていくうちに、本当に必要とされる保障額には変化が生じてくる。

たとえば、今の猪野知家はまだ幼子を抱えているが、20年後はどのように事情が変わっているだろうか？　当然、すでにタモツくんは成人しており、早ければ社会に出て働き始めているかもしれない。だとすれば、彼の教育費まで考慮した高額の死亡保障はもはや無用、ということになってくるわけだ。

つまり、子どもが大きくなるに従って、本当に必要とする死亡保障は少なくなっていくのだ。また、コツコツと積立貯金も続けていたら、貯蓄もそれなりの残高まで増えてきているはずである。その点を踏まえても、若い頃よりも保障額を少なくしても平気だろう。

また、前述した住居費についても検討の余地がある。賃貸暮らしから、団信付きの住宅ローンを組んで夢のマイホームを買った場合、その分の保障額を減らすことも考えられる。

## 子どもが増えたら保障額も増えることに

逆に、子どもが増えると必要保障額は増えることになるし、マモルが転職でもして年収がアップすると、保障額を見直す必要が出てくるかもしれない。ライフステージとともに、必要とされる保障額は変化する。

おそらく、ここまで読んだ段階で、「えっ！　保険って見直しが必要なの？」とびっくりした読者も多いだろう。そう、保険は入りっぱなしはNGなのだ。定期的に見直して、最適な内容をキープしたい。

## ライフイベントに応じて必要保障額は変わる!

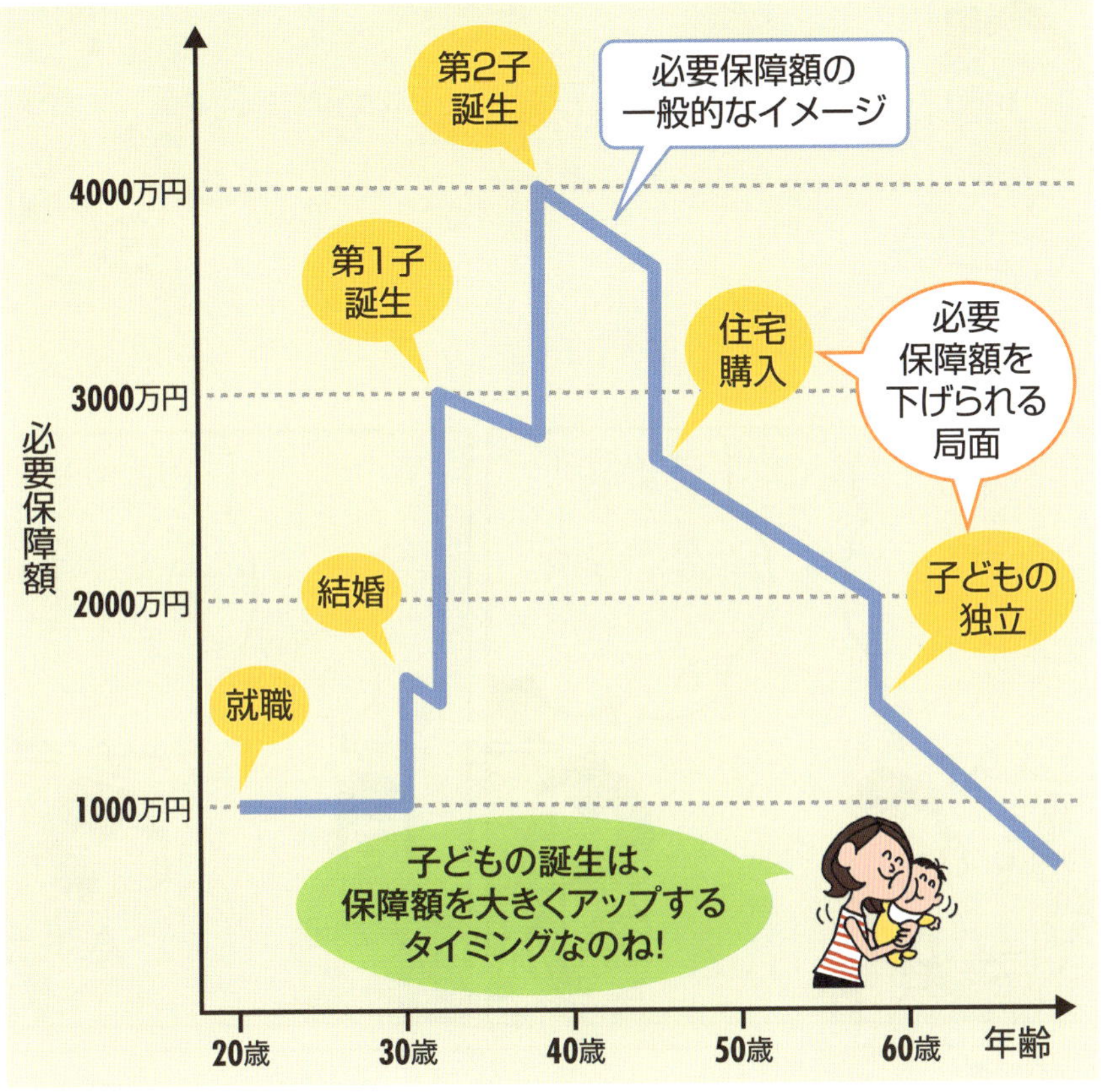


**まとめ!**

- 住宅購入は減額のチャンス!
- 子どもの成長とともに必要保障額は減る
- 子どもが増えると必要保障額はアップ!

# 人生の節目ごとに保障を見直せる定期保険

そりゃまぁ
食べ物とかだと
期間限定メニューは
見逃せないけど
保険だったら
一生涯の保障のほうが
ダンゼン
安心だろ
ダー
だけどその分だけ
「終身」のほうが
保険料は高くなる
そうよ
なら
やっぱり
「定期」でキマリ
だな！
キリッ
だけど「定期」は
保険期間を
更新するたびに
保険料が
アップするん
だって
……
なぁタモツ
パパはすっかり
わかんなく
なっちゃっ
たよ・・・
タモツなら
どうする？
パパを助けて
くれよ～
ダー？
ダー！
バコン！
誰しも保障は
一生涯続いたほうが
安心デスけど
その分だけコスト
そう、保険料の負担も
重くなってきマス
モクモクモク
あ
出た

その一方で人生の折々で重点を置くべき保障やその金額も異なってくるものなのデスね
だから「定期」と「終身」はそれぞれの持ち味を活かして使い分けるのがミソなのデス
終身
定期
定期と終身それぞれの持ち味って？？
終身
定期
たとえばサッカーの試合では後半になるほどスタミナが切れて失点するリスクが高くなりますデスね
GOOOAL!
スタミナ切れ
うっ…いやな思い出が
人生においてもそれと似たように年齢を重ねるほど大病を患うリスクは高くなりますし途中で保険期間が切れると不安デス
だから病気やケガに備えるための医療保障は終身にして…
終身
病
終身
ブロック!!
フム

TO BE CONTINUED…

# 終身保険と定期保険ってどう違うの？

## 一生涯の保障だと内容の見直しも大変に！

誰しも、ずっと安心していたいもの。だから、「一生涯の保障のほうがダンゼンいい！」と思うのは、おそらくマモルだけに限ったことではないだろう。

保険には、一生涯にわたる保障が得られる終身タイプと、一定期間に限定されている定期タイプがある。おそらく前のマンガを読むまで、読者の多くは「終身タイプのほうがオトクかも？」と思っていたのではないだろうか？

終身タイプは加入者の人生をフルカバーしてくれるだけに、おのずと保険料は定期タイプよりも高くなる。左図にもあるように、40歳の男性が20年の定期保険に加入した場合、1万円の月額保険料で得られる保障は1900万円に対し、終身保険だと270万円にしかならない。しかも、ずっと同じ保障が続くので、先々でその内容を見直したい場合には、解約も視野に入れなければならない。

## 定期タイプの特徴を活かして随時見直しを！

これに対し、定期タイプはその特徴を活かせば、ライフステージに応じて保障内容を柔軟に見直すことが可能だ。

たとえば猪野知家の場合、今はまだタモツくんも幼いので、まずは「マモルの3年分の年収＋タモツくんの教育費」を目安とした死亡保険金で加入しておく。

そのうえで、10年後、20年後といった人生の節目とともに保険期間が切れるタイミングで、死亡保障の金額を見直していくわけだ。こうすれば、つねに自分の身の丈に合った保障が得られる。しかも、保険料負担も過度にならないので、むやみに生

## コスパがいい定期保険

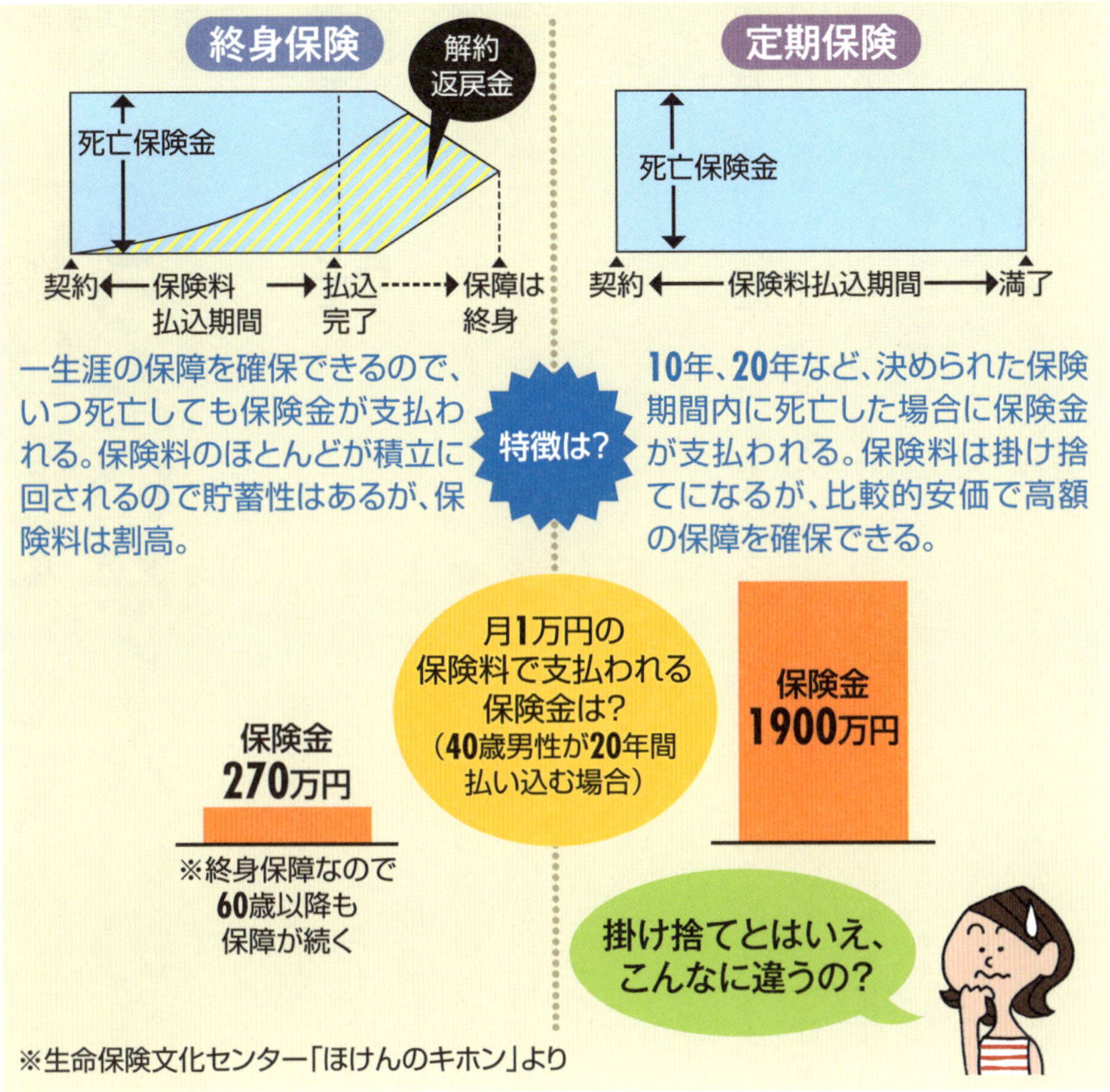
終身保険
解約返戻金
死亡保険金
契約←保険料払込期間→払込完了……▶保障は終身
一生涯の保障を確保できるので、いつ死亡しても保険金が支払われる。保険料のほとんどが積立に回されるので貯蓄性はあるが、保険料は割高。
定期保険
死亡保険金
契約←保険料払込期間→満了
10年、20年など、決められた保険期間内に死亡した場合に保険金が支払われる。保険料は掛け捨てになるが、比較的安価で高額の保障を確保できる。
特徴は？
月1万円の保険料で支払われる保険金は？（40歳男性が20年間払い込む場合）
保険金 270万円
※終身保障なので60歳以降も保障が続く
保険金 1900万円
掛け捨てとはいえ、こんなに違うの？
※生命保険文化センター「ほけんのキホン」より

活を圧迫されることもない。

タモツくんが立派なオトナに成長して独立した暁には、マモルに対してさほど大きな死亡保険を掛ける必要はなくなってくる。したがって、その前後に更新時期がくる保険では、死亡保障額を減らせるので保険料を抑えることができる。

定期保険を更新すると、その際の年齢に応じて保険料が高くなるのも事実。だが、それ以上に保障内容の見直し効果が期待できるだろう。

**まとめ！**

- **保険には終身タイプと定期タイプがある**
- **定期は終身より低コストで大きな保障を得られる**
- **定期なら見直しがしやすい**

# 「掛け捨て」ってもったいなくないの？

## 言葉が一人歩きして世間は誤解しがち！

　定期と終身の違いは、見直しのしやすさなどの機動性だけではない。掛け捨てなのかどうか、というところも読者にとっては気になるポイントだろう。

　定期は保険期間が限定されているので、それを過ぎてしまうと保険金は一切支払われない（いわゆる掛け捨て）。その点、終身は保障が一生涯続くので、いずれかのタイミングでほぼ確実に死亡保険金が支払われることになる。

　また、終身は加入してから一定期間を過ぎて解約すると、それまでに払い込んだ保険料の一部（解約返戻金）が戻ってくるのが一般的で、無事なら何も得られない定期は、それらと比べて不利だと考える人が少なくない。

　「捨てる」という文字が入っているだけに、もったいないという印象をうけるかもしれないが、それはまったくの誤解だ。左図にもあるように必要保障額は年齢とともに減っていくので、見直しながら保険金額をコントロールできる定期は、合理的な仕組みなのだ。

## あくまで保険料は必要経費（コスト）

　そもそも保険に入るのは、貯蓄だけでは太刀打ちできないピンチに備えるため。いざという場合に保険金をもらえることで、そういったリスクを回避するわけだ。そして、月々の保険料はそのための必要経費（コスト）であることは説明したとおり。

　もちろん、こうしたコストは安ければ安いのに越したことはないが、リスクを回避したいなら、けっしてゼロにはできない。それにお金が戻ってくることを期待するのは筋違いだ。

## 終身型はムダが多い!?

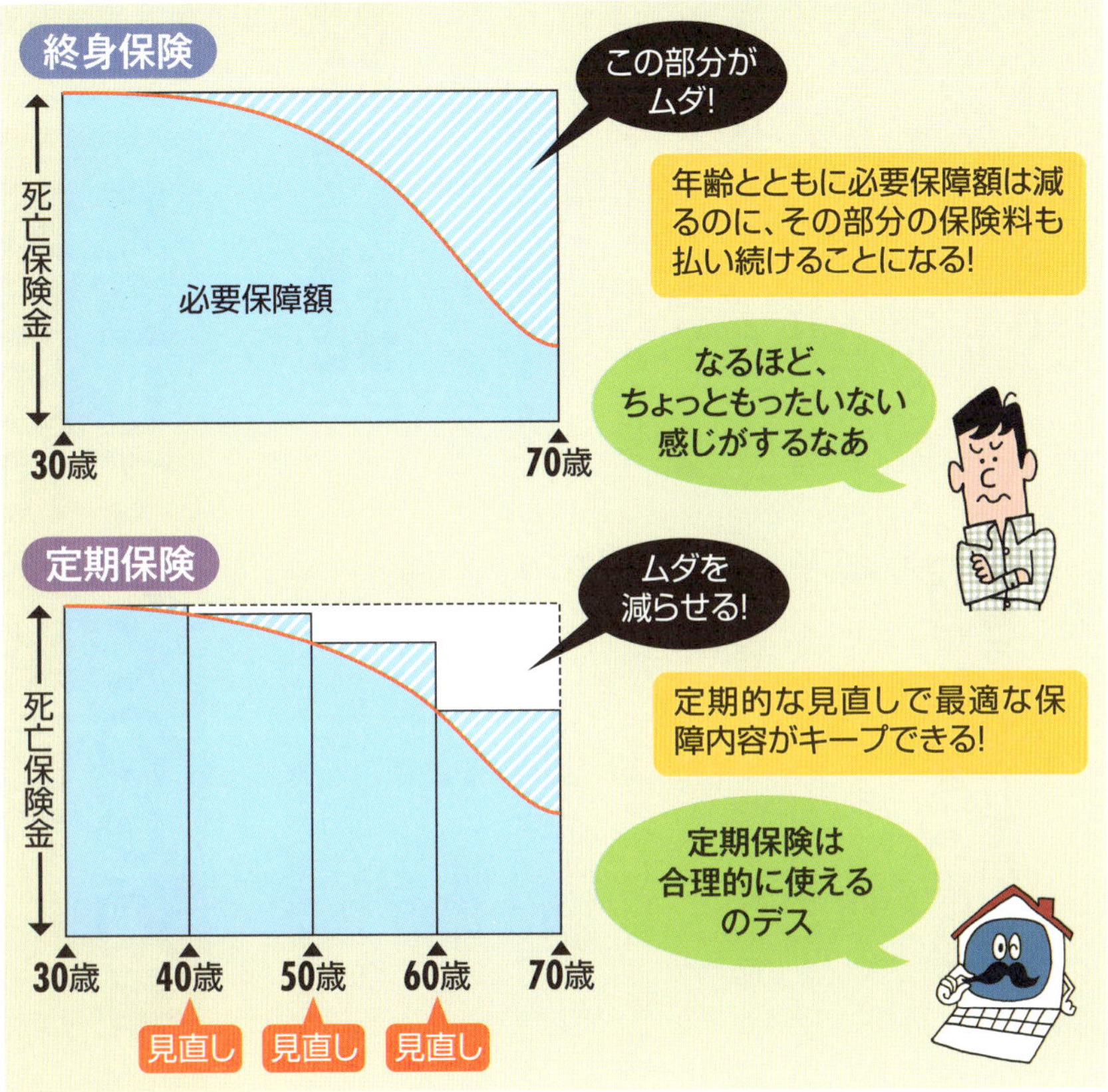


**まとめ!**

- 定期は掛け捨て。無事なら戻ってくるお金はない
- 保険料はあくまでコストだということを忘れないように
- ローコストで保障を得られる定期をフル活用

それでも、依然として世間ではお金が戻るタイプの保険を貯蓄代わりに活用しがちだ。過去にそういった保険は利回り的にも魅力があったものの、今の金利では魅力が半減するのが実情。あくまで、貯蓄と保険は分けて考えたほうがわかりやすいし、間違った選択もせずに済む。

特に金銭的にゆとりがない人ほど、終身保険よりもローコストで保障を手に入れられる定期保険をフル活用すべきだ。くれぐれも、「掛け捨て」という言葉に惑わされてはならない。

# 保障は10年単位で見直していくのが効果的デスネ

## 20年だと第2子誕生に対応しづらいのが実情

「保障期間は10年にすべきか？ それとも、20年にすべきだろうか？」

定期保険を活用した保障プランを実践していくうえで、多くの人たちはこれら2つの選択肢のいずれを選ぶべきか、頭を悩ませることだろう。結論から言えば、10年のほうを選んだほうが無難だ。

「だけど、20年なら生まれたばかりだった子どもが成人する頃に更新を迎えるから、人生の節目という意味ではちょうどいいタイミングでは？」。こう思った読者もいるだろうが、20年は小回りが利かないのが難点だ。

たとえば、やがて猪野知家に第2子が誕生したとしたら、どうなるだろうか？ 20年の定期保険だと、更新の時期を迎える頃には第2子もかなり大きくなっている。その点、10年の定期保険なら、比較的速やかに子どもの数に合わせて保障を見直すことが可能となる。

## 「10年ひと昔」の周期で保障を見直していこう

肝心なのは、状況に応じて柔軟に保障を増やしたり減らしたりできるかどうか。したがって、小回りの利く10年の定期保険を活用するのが賢明だ。

きっと、保険のことにちょっと詳しい人は、ここでこんなふうに反論するだろう。

「20年の定期保険は10年のものと比べて当初の月額保険料は高い設定だけど、払い込み総額は逆に割安。コスト面を考えれば、20年のほうを選んだほうがオトクでは？」

確かにそのとおりだが、その点を考慮しても、10年ごとに更新するタイプは若いときの月額保険料負担を

## 10年のほうが見直しチャンスが多い！

**子どもが生まれたのを機会に31歳の男性が2000万円の保険に加入。
5年後、36歳で第2子が誕生し、教育費1000万円分の保険に追加加入した。
2人が成人するまで保険に加入したとすると…**

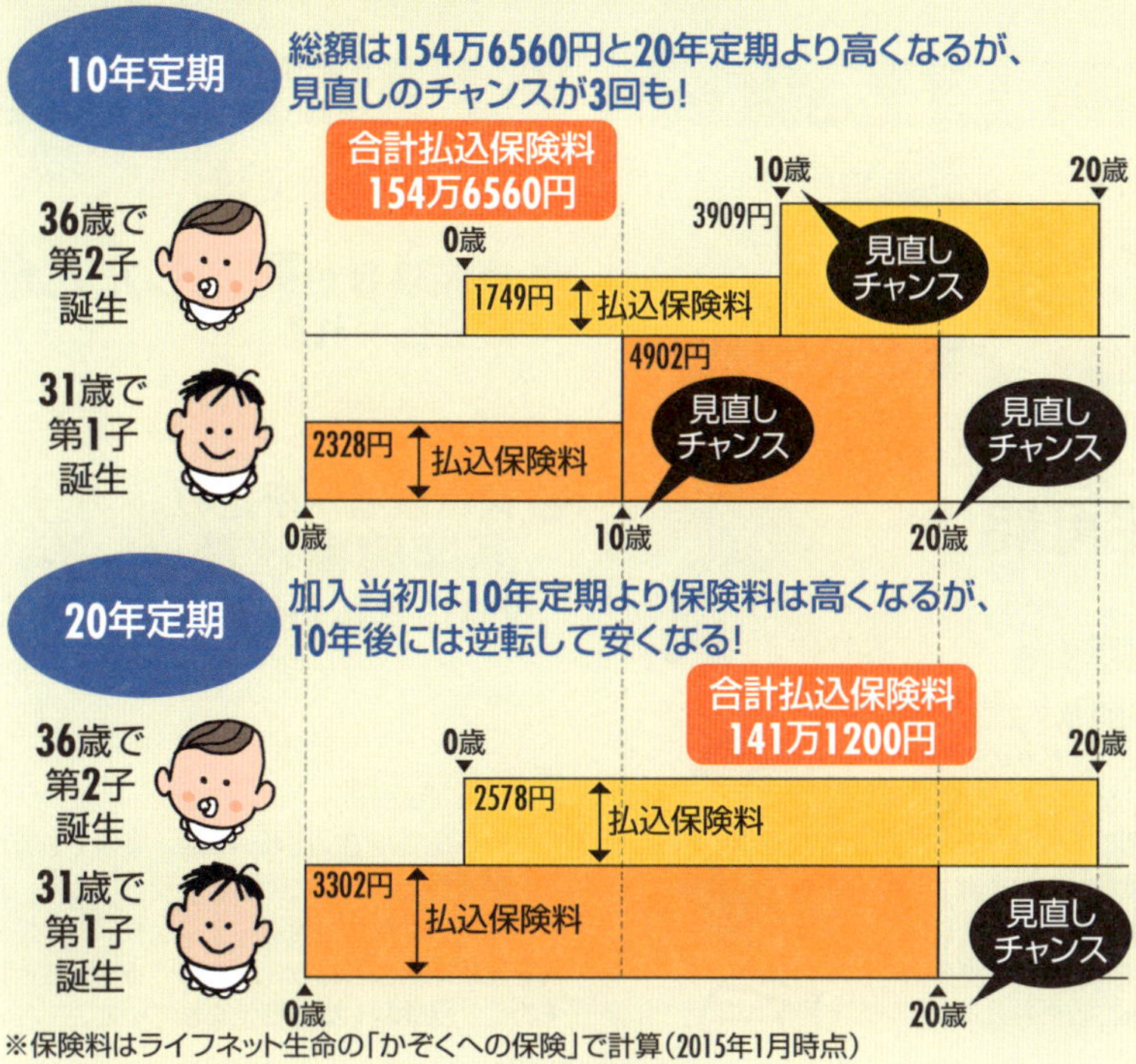


※保険料はライフネット生命の「かぞくへの保険」で計算（2015年1月時点）
※この保険には満期保険金や解約返戻金、配当は含まれない。

**まとめ！**

- 保障期間は10年で考えよう
- 柔軟に保障の増減ができるかどうかが重要
- 総額の保険料は10年より20年のほうが安くなる

低く抑えることができる。

「10年ひと昔」という言葉もあるように、保険もそのタイミングで見直すのが望ましい。

## ライフネット生命 定期死亡保険「かぞくへの保険」

### いくら保障されるの？

**保険金額**

**500万～1億円まで、100万円単位で設定可能**

細かく設定できるのがいいわね

**ポイント！**

100万円単位で設定できるのがミソ。月々の支払いを意識しながら保険金額を調整できる。たとえば、希望保障額だと少し予算オーバーだなぁというときには、保険金を100万円減らせば予算内に収められる。

### どんな保険？

**保障内容**

**●死亡保険金**

→被保険者が**死亡したとき**に支払われる

**●高度障害保険金**

→被保険者が所定の**高度障害状態**になったときに支払われる

**ポイント！**

構造がシンプルで、病気・事故・災害でも万が一のときは同額の死亡保険金が受け取れる。満期保険金や配当、解約返戻金はなし。保険期間内を無事に過ごしたら、戻ってくるお金はゼロ。その分、保険料を安く抑えられている。

## 単純明快な仕組みで予算に応じた設計も！

保険各社でいろいろな商品を出しているが、ここではライフネット生命の定期死亡保険「かぞくへの保険」を例に、保険の中身を見ていこう。この保険は、シンプルでわかりやすいことと、保険料が割安なことが大きな特徴だ。

まず、保険金が支払われるのは、被保険者本人が亡くなった場合か、病気やケガで所定の高度障害状態になった場合。ライフネット生命の場合、死亡保険金と高度障害保険金は同額の設定になっている。ただし、高度障害保険金が支払われると保険契約は終了する。

100万円単位で保険金額を設定できる点も、わかりやすさにつなが

# ネット生保の商品チェック！［生命保険編］

## 保険料はどのくらい？

### 保険料

**更新ごとにアップ**

**月額保険料の例**
（保険金額1,000万円／保険期間10年の場合）

| | 20歳 | 30歳 | 40歳 |
|---|---|---|---|
| 男性の場合 | 1,027円 | 1,230円 | 2,374円 |
| 女性の場合 | 641円 | 896円 | 1,547円 |

（2015年1月現在）
※この保険には解約返戻金や、満期保険金、配当は含まれない。

**ポイント！**
掛け捨てタイプ。付加保険料という保険会社の手数料や経費にあたる部分を低く抑えている。

## いくつまで契約できるの？

### 契約年齢と保険期間

契約できるのは　**20歳**以上～**65歳**以下

保険期間は　**10年、20年、30年、65歳まで、80歳まで**

※契約時の年齢によって選べる期間は異なる

**ポイント！**
保険期間10年、20年、30年を選び、保険期間満了の翌日の年齢が79歳以下の場合、更新前と同じ保険金額・保険期間で自動で契約が更新される。その時の健康状態にかかわらず、契約が継続できる！

っている。「月々の保険料をいくら以内に抑えたい」と、予算に応じて保険金額を細かく調整できるのだ。加えて、更新型は10年、20年、30年のいずれかからの選択なので、人生で最も保障が求められる時期にスポットを当てて備えられる。

一方、保険料が割安なのには理由がある。通常、保険料には営業職員の人件費、店舗費などの運営上の経費が上乗せされている。これは「付加保険料」と呼ばれているが、ライフネット生命はインターネットを活用することでこの費用を極力抑えている。

手頃なコストで大きな保障が得られるね

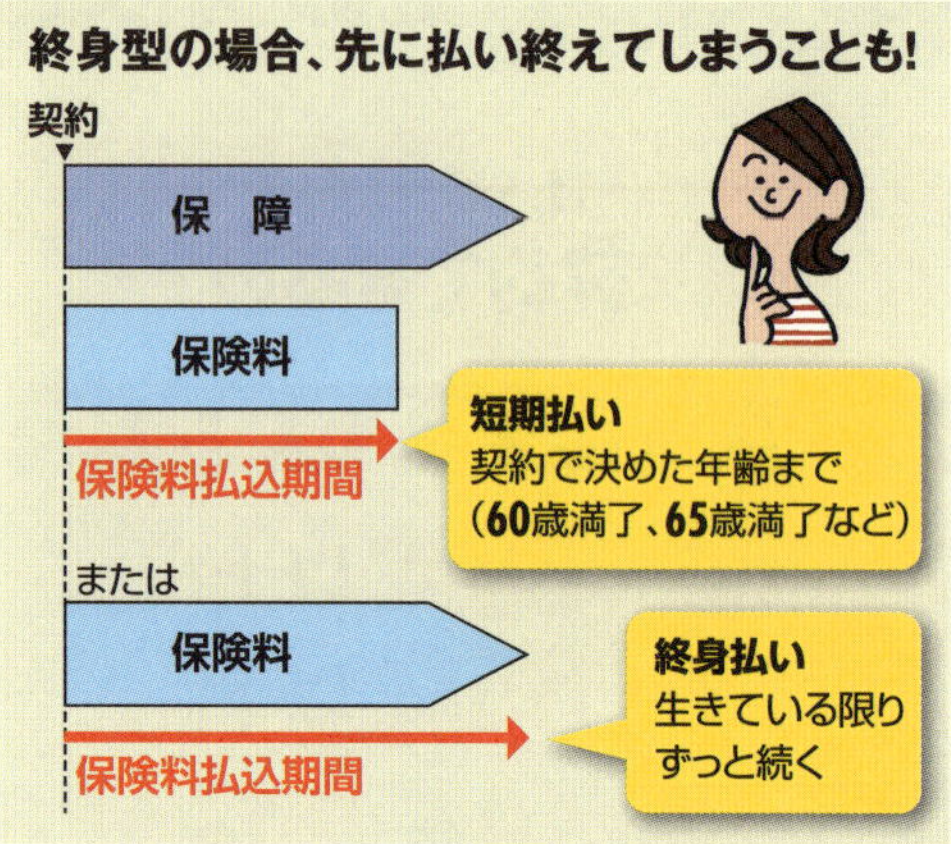


# 保険料の払込期間と保険期間の違いは？

## 保険料を支払う期間と保障を受けられる期間

保険料の払込期間とは、保険の契約を結んだ人が保険料を支払う期間のこと。保険期間は保険契約が有効となる期間のこと。

その期間中に死亡したり高度障害状態になったりと、保障の対象となる所定の条件を満たせば、あらかじめ約束されていた保険金が支払われる。

掛け捨ての保険の場合は、「払込期間＝保険期間」のケースが多いが、終身型はそうではない場合もある。たとえば60歳までに保険料の支払いを済ませてしまい（短期払い）、一生涯の保障を確保するといったパターンもあるし、生きている限り払い続ける終身払いというパターンもある。

どちらがトクかというと、一概には言えない。短期払いにすると月々の保険料は終身払いよりも高くなるので、払い込みが済んだ直後に亡くなってしまうと終身払いより払込保険料が増えてしまう。一方、終身払いで長生きをすると、終身払いのほうがトータルの保険料が多くなる場合もある。

年金生活のことを考えると老後の負担は少なくしておきたいという希望もあるだろうし、月々の保険料はできるだけ少なくしたい人もいるだろう。個々人のお財布事情やライフプランに照らして考えればいいことだ。

# 更新のときは健康診断書が必要なの？

## 更新時の年齢と保障額によっては必要な場合も

そもそも、保険に入る際には必ず医師による健康診断書が必要となるわけではない。

医療保険やがん保険は、健康状態に関する質問事項に回答すれば申し込める場合が多い。生命保険についても、高額の保障でなければ健康診断書が不要な保険会社もある。

ただし、質問事項への回答内容によっては定期健康診断書の写し（コピー）などの提出を求められることがある。過去に傷病歴があったり、健康診断で異常指摘があったりする人に対しては、保険会社としてもより慎重な審査を行なう必要があるからだ。

なお、加入時の年齢に応じて、健康診断書がなくても申し込める保険金額の上限は変わってくる。当然ながら、年齢を重ねるほど病気になるリスクは高まるので、その上限は低くなるのだ。高齢になってから高額の保障を得ようとすれば、よりシビアな審査が待ち構えているわけである。

しかし、一度保険に加入してしまえば、更新のタイミングで保険料は上がるものの、他の条件は変わることがない。保険期間中に病気になって入院したとしても、健康診断書なしで更新ができるのだ。

そういった意味からも、若いうちに保険に入っておくというのはメリットがある。

まだ先でいいやと思っていると、思わぬときに病気をして加入できなくなる可能性もあるし、加入できたとしても保険料が高額になってしまうケースがあるからだ。

**更新の際、新たな申込みや告知の必要はナシ！**

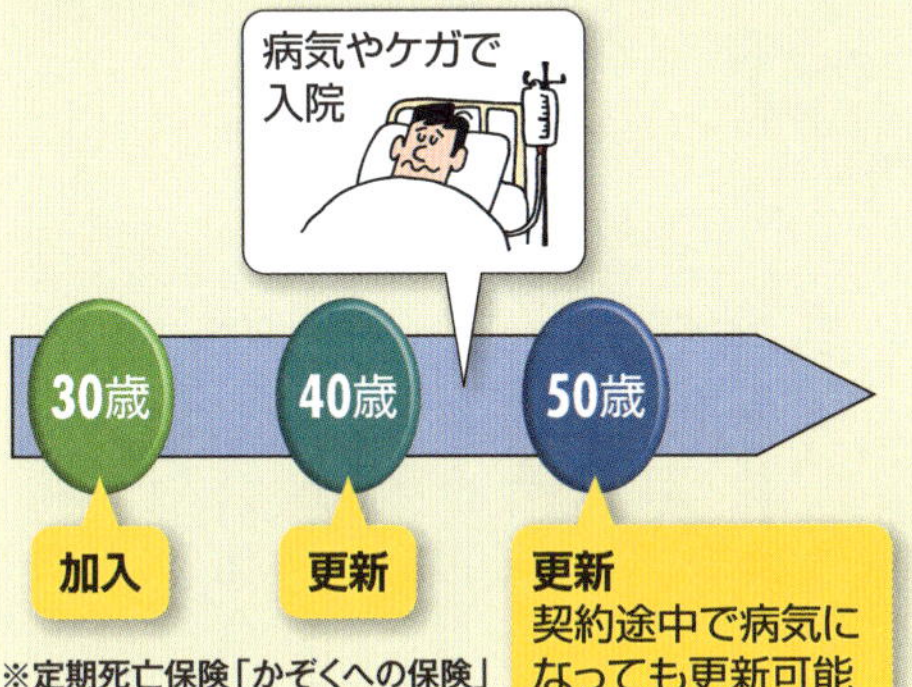


※定期死亡保険「かぞくへの保険」保険期間10年の場合

### 告知義務違反に気をつけよう

是が非でも加入・更新したいからといって、保険会社からの質問に対してウソの回答をするのは禁物。それが判明すれば「告知義務違反」として、保険金は支払われない。また、契約自体が解除となってしまう可能性もあるのだ。

# 複数の受取人を指定できるの？

## 二親等以内の血族で複数の指定が可能！

まず大前提として、誰でも保険金の受取人に指定できるわけではない。たまに保険金のサギ事件が新聞やテレビで報じられているが、受取人に指定できるなら、アカの他人でもいっそう不正がはびこりがちだからだ。

具体的に保険金の受取人に指定できるのは、①一親等（親・子）、②二親等（祖父母・兄弟・姉妹・孫）まで。ただし、二親等以内の血族が存在しない場合は、三親等内（伯〈叔〉父・伯〈叔〉母・甥・姪）の血族を受取人にできる保険会社もある。

その一方で、複数の受取人を指定することは可能だ。もしも1人しか指定できないとなると、子どもが複数いる場合などに余計なモメごとが発生しかねない。そこで、それぞれの受取人に対し、保険金を何%ずつ支払うのかについて細かく設定することが可能となっている。

なお、保険は長きにわたる契約なので、途中で状況が変わった場合の対応も柔軟だ。基本的に、保険金の受取人はいつでも変更できる。結婚した場合は忘れずに変更すべきだ。また、遺言で受取人の変更を指定できる。離婚した妻や、勘当した放蕩息子にまで保険金を遺さなくてもすむわけだ。

### 受取人に指定できる範囲とは？

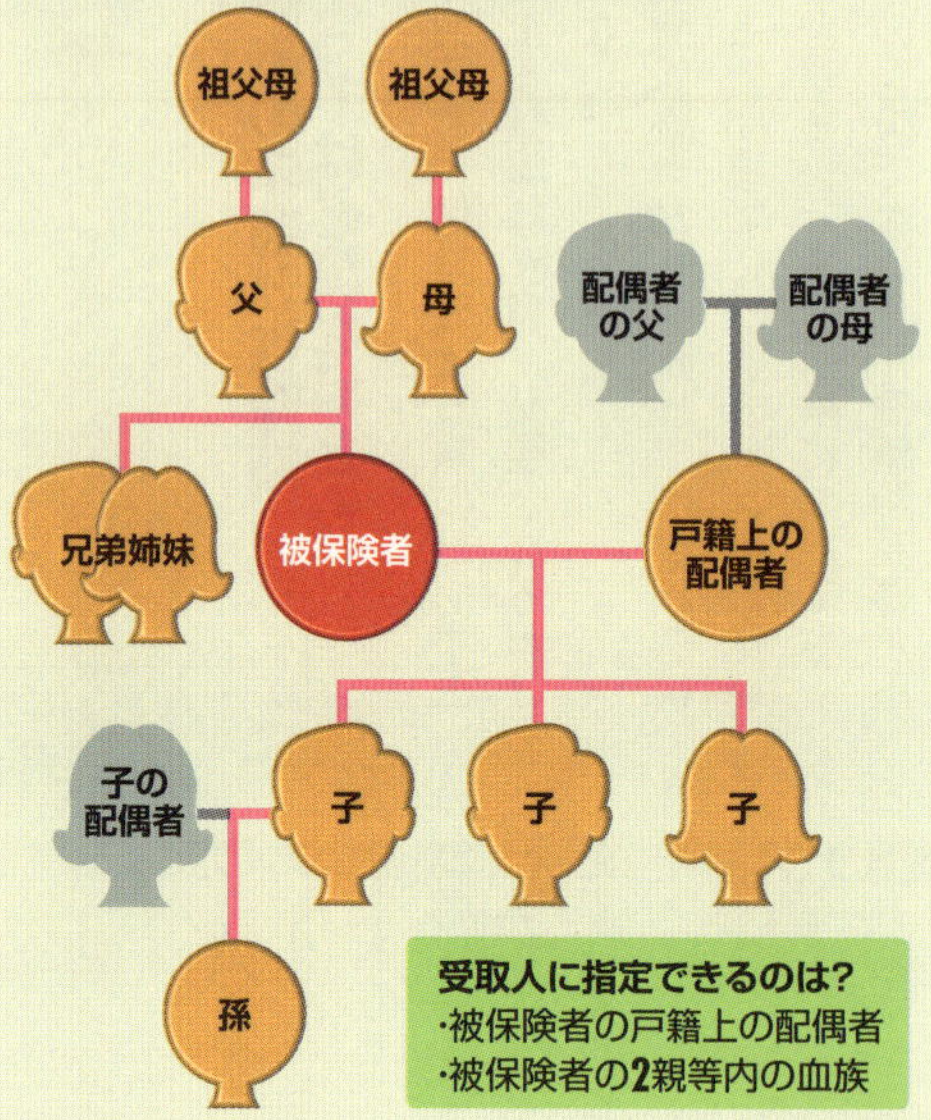


**受取人に指定できるのは？**
・被保険者の戸籍上の配偶者
・被保険者の2親等内の血族

### 保険料控除を活用しよう！

保険料は生活におけるコスト（必要経費）。したがって、年間に支払った保険料は課税対象所得から差し引くことが認められている（上限あり）。これが保険料控除と呼ばれるもの。毎年、保険会社から支払い証明が郵送されてくるので、それを添付して確定申告をしよう。サラリーマンや公務員なら年末調整で申告することができる。

## 受取人によっては、税金が高額になることも！

### できるだけ相続税の対象となる契約に！

契約者（保険料を支払う人）、被保険者（保険を掛ける人）、受取人（保険金をもらう人）をそれぞれ誰にするかによって、保険金にかかる税金が変わる。

まず、「契約者＝被保険者、受取人＝遺産の相続人」の場合は相続税となる。たとえば、「契約者＆被保険者＝夫、受取人＝妻または子」というパターンだ。ただし、基礎控除に加え生命保険の非課税枠「500万円×法定相続人の数」やその他の控除もあるので、一般家庭であれば相続税はあまり心配しなくてもいい。

これに対し、契約者が保険金を受け取る契約だと所得税、契約者が生きているのにお金が受け取れると贈与税となり、税額負担が大きくなる。

**契約内容によってこんなに違う**（保険金額3000万円の場合）

| | 契約者 保険料を払う人 | 被保険者 保険の対象者 | 受取人 お金を受け取る人 |
|---|---|---|---|
| ケース1 | 夫（契約者＝被保険者） | | 妻 |
| ケース2 | 夫（契約者＝被保険者） | | 子 |
| ケース3 | 夫 | 妻 | 夫 |
| ケース4 | 夫 | 妻 | 子 |

**相続税**
各種控除があるので、他に多くの相続財産がない限り、基本的に相続税を納める必要ナシ。

**所得税**
契約者と受取人が同じなので、所得税となる。年収600万円の会社員だと、納付税額は約387万円に！

**贈与税**
契約者が生存しているので、贈与となる。一般的に納める金額は所得税の場合より大きい。納付税額は約1,195万円！※

※2015年1月時点の税制に基づいて計算

**ポイント**
- 契約者＝被保険者に！
- 受取人は配偶者（または子ども）にすること！

## 契約期間の途中でも減額できる？

### 中途減額は可能だし、逆に増額だって可能

契約期間の途中で保険金を減額することは可能だ。保険料の負担が重くなってきたり、子どもの独立などでそこまでの保障が不要となったりした場合は、減額を検討するといい。

減額した分だけ、月々の保険料は安くなる。また、掛け捨てではなく貯蓄性のある保険なら、減額した分の解約返戻金（かいやくへんれいきん）を受け取れる場合もある。

ただし、契約できる保険金額の下限は決まっているので、一定額以上の減額は不可能。その場合は解約するしかない。

また、主契約を減額すると、特約まで減額となってしまうパターンもあるので、注意が必要だ。減額を考えたいときは、コールセンターに電話するなどして、自分の場合はどうなるのかを計算してもらおう。

なお、保険金額を増やす「中途増額」制度もあるが、この場合は増額部分について新たに審査が必要となる。

## 自殺の場合でも、保険金はもらえるの？

### ケースバイケースで一概には言えない

結論から言えば、それはケースバイケースだ。

契約してから一定の期間内（1～3年など、保険会社によって異なる）に自殺した場合は、原則として保険金の支払い対象とならない。逆に言えば、3年たてばたとえ死因が自殺であっても保険金の支払い対象となる。

ただし、一定期間内の自殺であっても、その原因が心神喪失や精神障害などによるもので、本人の思考能力が欠如していた場合等には、支払われるケースもある。保険会社が定める自殺の定義とは、「被保険者が本人の意思で自らの命を絶つこと」だ。

また、免責期間を経過していても保険金が支払われないケースがある。受取人に詐欺行為や犯罪行為があった場合などだ。

第2章

掛けすぎを防ぐために知っておきたい基礎知識

# 公的保障のことを知っておこう

こんなに守られてるなら、民間の保険は
いらないんじゃないの？ と思わず口にするマモルだったが…

## 実は公的な保険制度に自動加入している!?

けど手術となったらお金だってかなりかかりそうだし……
あっお義父さん保険には入ってたの？
保険に入ってるかどうかはわからないわ
ただ父は健康だけが取り柄だっていつも言ってたからもしかすると……
え～～だったら大変じゃんスゴい出費になっちゃうよ！
なんでそこまでショック受けてるの？
いやーだってさ
お義父さんはもちろん心配だけどもしも自分だったらとてもお金なんて工面できない～～
パパ～なんでお金ないの～
妄想中…
モワモワ
心配性
いかん！マジでヤバいじゃん！
ガタッ
瞬間的に自分のことに置き換えて心配しちゃうなんてホントにパパの妄想癖には今さらながらビックリね
おまえは落ち着きすぎなんだよ
ア～～
あっタモツ起きちゃった
パパが大声出すから
ア～～

あっ
ブンッ
ヴ〜〜!
バコーン!
うわっ
おいおい
たのむよ
ボーナスでやっと
買えた薄型テレビ
なんだから
あービックリした
スリスリ
パッ!
うわっ!
フーネット!
ハロー!
病気やケガに
見舞われた際に
国民が困らないように
国も社会保険を
はじめとする
様々な公的保障を用意して
いますデス
今回はテレビの中からかよ
ですので
そこまで悲観する
ことはアリマセーン
たとえば
どんな
公的保障が
あるの?
所得に応じた限度額を
超える高額の医療費が
かかった場合には
高額療養費制度
というのも
用意されているの
デスね
えっ何それ?
国がいったいどのように
助けてくれるわけ?

自分の所得に応じた限度額を超える医療費を自己負担しなくて済むようにその枠を超えて支払った分は国が払い戻してくれるのデス
え〜〜〜! じゃあ高額の場合自己負担は少なくなるってこと?
もちろんすべての医療費というわけではありません 保険適用外の治療費とか対象にならないものもありますから・・・
自己負担分は少なくなる・・・
つまり重病になっても医療費が青天井で膨らみ続けるわけではないってこと?
え〜 だったらわざわざ民間の保険に入らなくてもいいじゃん!
やれやれ ご主人様はまだ保険のことがまったくわかってないみたいデスね
ならばもう一度この本を最初から読み返してきてください
アレ〜
ホレッ
ピュー
ヴンッ
結局 民間の保険とは公的保障だけでは不足しがちな部分を個々の判断で補強するためのツールなのです
アレ〜
タモツ ほら パパに いってらっしゃいって
TO BE CONTINUED

# 公的保障って何のこと？

## 日本人は自動的に公の保険に入っている

自分から民間の保険に入らなければ、まったく無防備の状態というわけではない。実は、日本には公的な保障制度があって、結構手厚く守られているので、この情報はしっかりと押さえておこう。遺族年金や健康保険などの制度の中身を知っておくことで、民間の保険に「入りすぎ」を防ぐことができるからだ。

まず、サラリーマンなら勤務先を通じて厚生年金に加入しているはずだし、公務員は共済年金、自営業者や退職者などは国民年金への加入が義務づけられている。

年金というと老後の生活資金というイメージが強いかもしれないが、加入者に万一のことがあった場合に死亡保険金のような役割を果たすお金がもらえることになっている。

## 加入する年金の種類で遺族年金の支給額は違う

ただし、もらえる年金の種類は加入している公的年金制度によって異なるので注意しよう。

まず、会社員でも自営業でも職業にかかわらずもらえるのが遺族基礎年金だ。子どもが1人の妻の場合、年間99万５２００円が支給される。年度末に18歳未満の子どもがいる妻、または子ども自身が受給対象となるので、子どものいない妻はもらえないのだ。

会社員は、これに遺族厚生年金がプラスされる。遺族厚生年金は子どもがいなくても支給されるが、夫の死亡時に妻が30歳未満でかつ子どもがいない場合は、夫の死亡後5年間だけの有期給付になる。

ちなみに、妻がいない場合は、本人によって生計を維持されていた遺族（子ども、両親、祖父母、孫）に

## 会社員がもらえる公的遺族年金は？

| もらえる年金 | どんな人がもらえる？ | いくらもらえる？（年額） |
|---|---|---|
| 遺族基礎年金 | ①**18**歳未満の子どもがいる妻<br>②**18**歳未満の子ども<br>※国民年金から支給されるので、会社員だけでなく、自営業者ももらえる | **77万2800円+子の加算**<br><br>子どもが<br>**1**人…計 **99万5200**円<br>**2**人…計**121万7600**円<br>**3**人…計**129万1700**円 |
| 遺族厚生年金 | 死亡した者によって生計を維持されていた会社員の家族<br>①妻<br>②**18**歳未満の子ども、孫<br>③**55**歳以上の夫、父母、祖父母（支給開始は**60**歳から） | 平均標準報酬額<br>**30**万円の場合<br>**45万円程度**（概算）<br>（個人によって異なるので、正確な金額は年金事務所などで確認を） |
| 中高齢の加算 | ①子どもが**18**歳になり、遺族基礎年金が支給停止になった**40**歳以上の妻<br>②夫死亡時に子どものいない**40**歳以上の妻。**65**歳になるまで支給される | **57万9700円** |

具体的なシミュレーションは次のページで！

※2015年1月時点。詳細は日本年金機構のHP（www.nenkin.go.jp）で確認を

受給権利が移っていく。

　子どもが18歳になって遺族基礎年金の支給が終わると、65歳になるまで会社員の妻には代わりに中高齢の加算（年額57万9700円）が支給されるようになる。しかし、受給できるのはその時点で40歳以上であることが条件だ。子どもがいない場合は、夫の死亡時に妻が40歳以上であることが条件となる。

　公的保障制度は細かい条件があるし、変更されることも多いので、定期的にチェックをしておこう。

**まとめ！**

- **公的保障を知って「保険に入りすぎ」を防止しよう**
- **もらえる年金は、加入している制度によって異なる**
- **子どもがいない若い妻への給付は5年間限定**

## もらえる公的遺族年金（目安）

**会社員の場合**

夫…31歳会社員、年収400万円（平均標準報酬額30万円）
妻…30歳専業主婦
長男…1歳 ※年金額は2014年度価額。妻が85歳まで生存した場合で試算

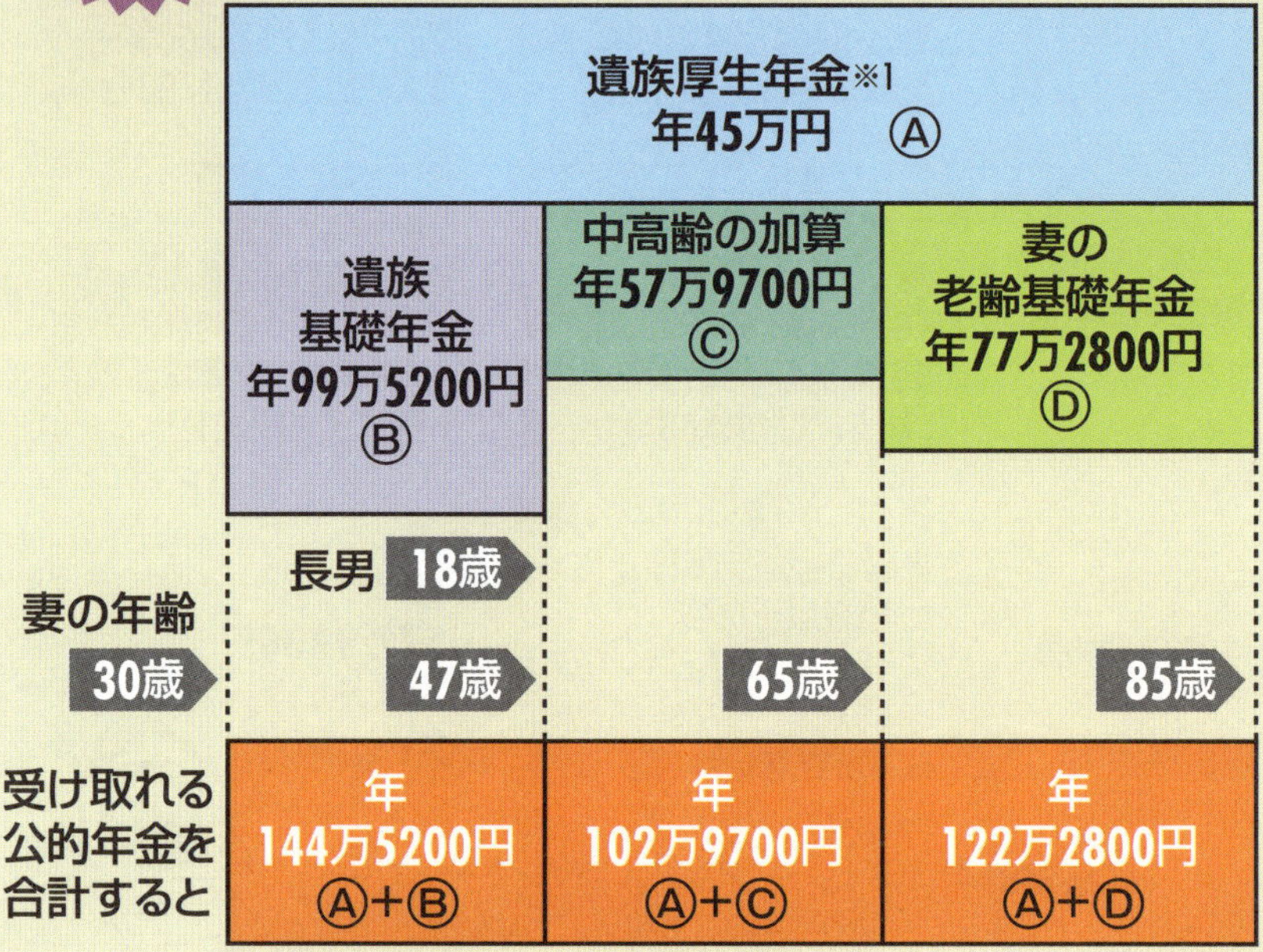


上記の年金を合計し、年額で受け取れる金額を出してみると、年100万円以上が受け取れることがわかる。手厚い保障ではあるが、生活していくうえでは足りないので、貯金や保険での準備が必要となる。

※1　遺族厚生年金はあくまでも概算。個人によって金額は異なるので、年金事務所などで確認を

**55年間の合計**
**約6755万円!**

## 夫が死亡した場合に

**自営業の場合**

夫…31歳自営業者、年収400万円
妻…30歳専業主婦
長男…1歳

※年金額は2014年度価額。妻が85歳まで生存した場合で試算

| | 30歳〜47歳 | 47歳〜65歳 | 65歳〜85歳 |
|---|---|---|---|
| | 遺族厚生年金 なし | | |
| | 遺族基礎年金 年99万5200円 | 中高齢の加算 なし | 妻の老齢基礎年金 年77万2800円 |
| 受け取れる公的年金を合計すると | 年99万5200円 | 年0円 | 年77万2800円 |

妻の年齢：30歳、47歳（長男18歳）、65歳、85歳

自営業は会社員に比べると保障が薄く、子どもが18歳を超えると妻が65歳になるまではもらえる年金は0円になってしまう。夫に万が一のことがあった場合の備えを十分に考えておく必要がある。

**55年間の合計 約3237万円!**

長期で考えると
会社員の半分以下に
なっちゃうんだね。
自営業の場合は、
しっかり考えておく
必要がありマス

# 医療保険制度で、自己負担額は3割で済むのデス

## 病気やケガの保障も手厚いのが特徴

公的な保障は年金ばかりではない。日本では、公的な医療保険制度も確立されている。「国民皆保険（こくみんかいほけん）」と言われるのがそれだ。サラリーマンなら勤務先を通じて健康保険（協会けんぽや健保組合）、公務員は共済組合、自営業者や退職者などは国民健康保険への加入が義務づけられている。

毎月、年収に応じた保険料の負担はあるものの、医者にかかっても医療費の本人負担が一部で済むのは、これらの保険が残りを払っているからだ。

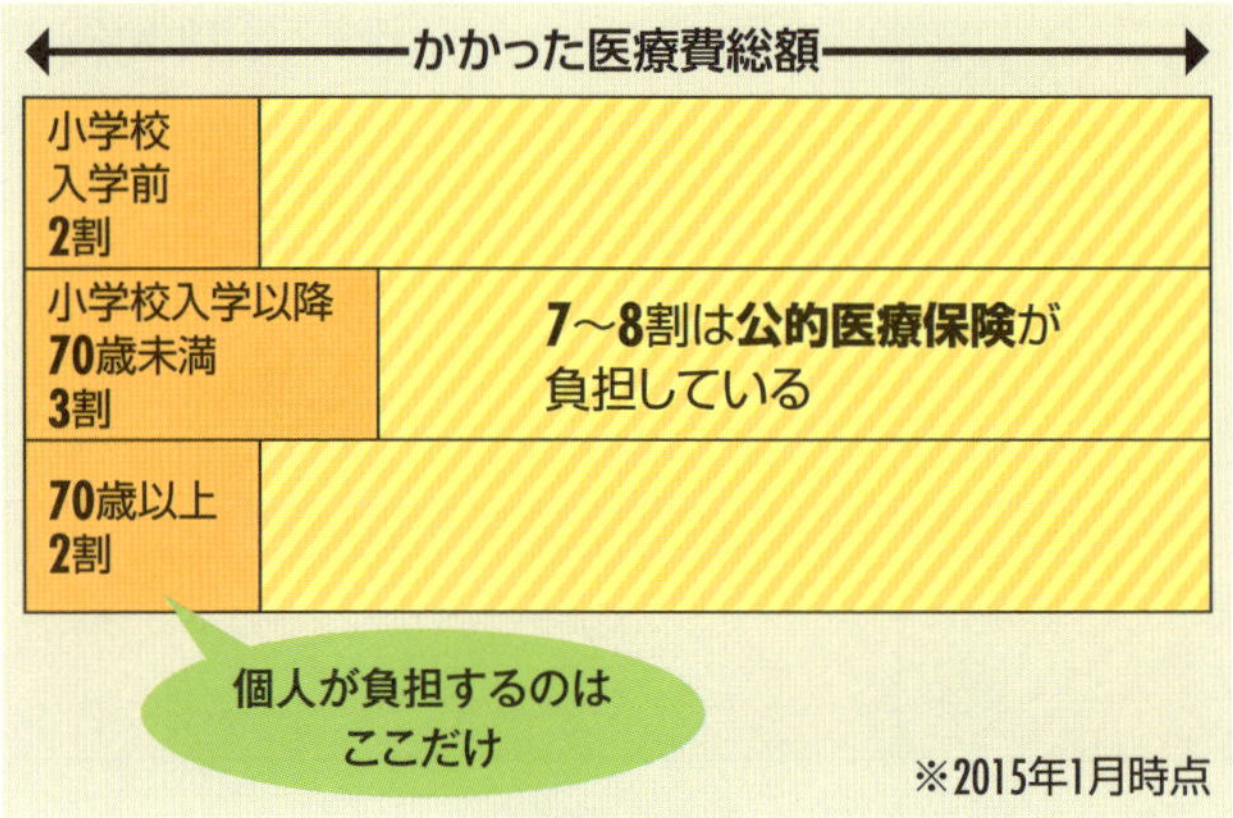


健康保険が適用される場合の自己負担は、基本的に小学生から70歳未満なら3割に抑えられている。窓口でもらう領収書を見ると、「負担割合30％」などの記載があるはずだ。

## 出産一時金や傷病手当金なども

公的医療保険の給付は、医療費だけではない。出産は病気ではないから健康保険は使えないが、代わりに出産育児一時金が支給される。子ども1人につき42万円。双子の場合は、

## 健康保険が使える範囲は？

### 3割負担の範囲は？

○

- 医師の診察や治療に必要な検査
- 治療に必要な薬や治療材料
- 注射や手術、放射線療法、療養指導など
- 入院中の食事や生活療養
- 医師による訪問診療や看護師による訪問看護

### こういう時は健康保険は使えない！

×

- 美容を目的とする整形手術
- 近視の手術など
- 研究中の先進医療
- 予防注射
- 差額ベッド代
- 健康診断・人間ドック
- 正常な妊娠・出産
- 経済的理由による人工妊娠中絶

※2015年1月時点

倍になる。

また、会社員や公務員の場合、病気やケガで仕事を休み給料をもらえなくなると、傷病手当金が支給される。標準報酬日額の3分の2が最大1年6カ月間もらえるので、これはかなり手厚いと言っていいだろう。

しかし、自営業者には当てはまらない部分も多いし、サラリーマンであっても、こうした公的な医療保障だけでは足りなくなる事態もある。それに備えて、自らの意思で加入するのが民間の医療保険だ。

**まとめ！**

- 病気やケガに対する公的な保障も手厚い
- 小学生～70歳未満の自己負担は3割
- 出産一時金や傷病手当金の給付もある

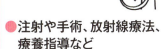

# 高額の医療費が戻ってくる制度もありマス

## 一定額以上の医療費は自己負担せずに済む

実際にかかった医療費の多くは本人に代わって公の健康保険が支払ってくれているが、救いの手はそれだけにとどまらない。1カ月あたりの自己負担が所定の金額を超えると、その分が払い戻される「高額療養費制度」まで設けられている。つまり、重い病気を患ったとしても、自分で負担しなければならない医療費が青天井で増え続けるわけではないのだ。

しかし、2015年の1月から制度改正があり、所得が高い人にとっては負担がアップしている。14年までの制度と比べると、月に10万円以上増えるケースもあるのだ。今後も制度の見直しは行なわれるだろうし、医療保険でいざという時のためのリスクヘッジをしておいたほうが賢明だろう。

具体的にはどの程度の負担となるのだろうか？　70歳未満の場合は所得に応じて5段階に分かれている。所得が少なくて住民税が非課税の人は月間の上限は3万5400円。所得が多くて標準報酬月額が83万円以上の人は、「25万2600円＋（総医療費－84万2000円）×1％」が上限となる。

ざっくり計算して、1カ月に100万円の医療費がかかった場合、低所得者なら3万5400円、マモルくらいの収入（月収28万～50万円程度）でも8万7430円で済む。

しかも、「高額療養費」に該当して払い戻しを受けた月数が直近12カ月間で3回以上に達した場合には、4回目以降の自己負担限度額がさらに引き下げられる（70歳以上75歳未満の高齢受給者は適用外）。

また、高額療養費の自己負担限度額に達しなくても、同じ月に家族が入院した場合、それぞれに2万10

## 年収によって負担額は異なる!

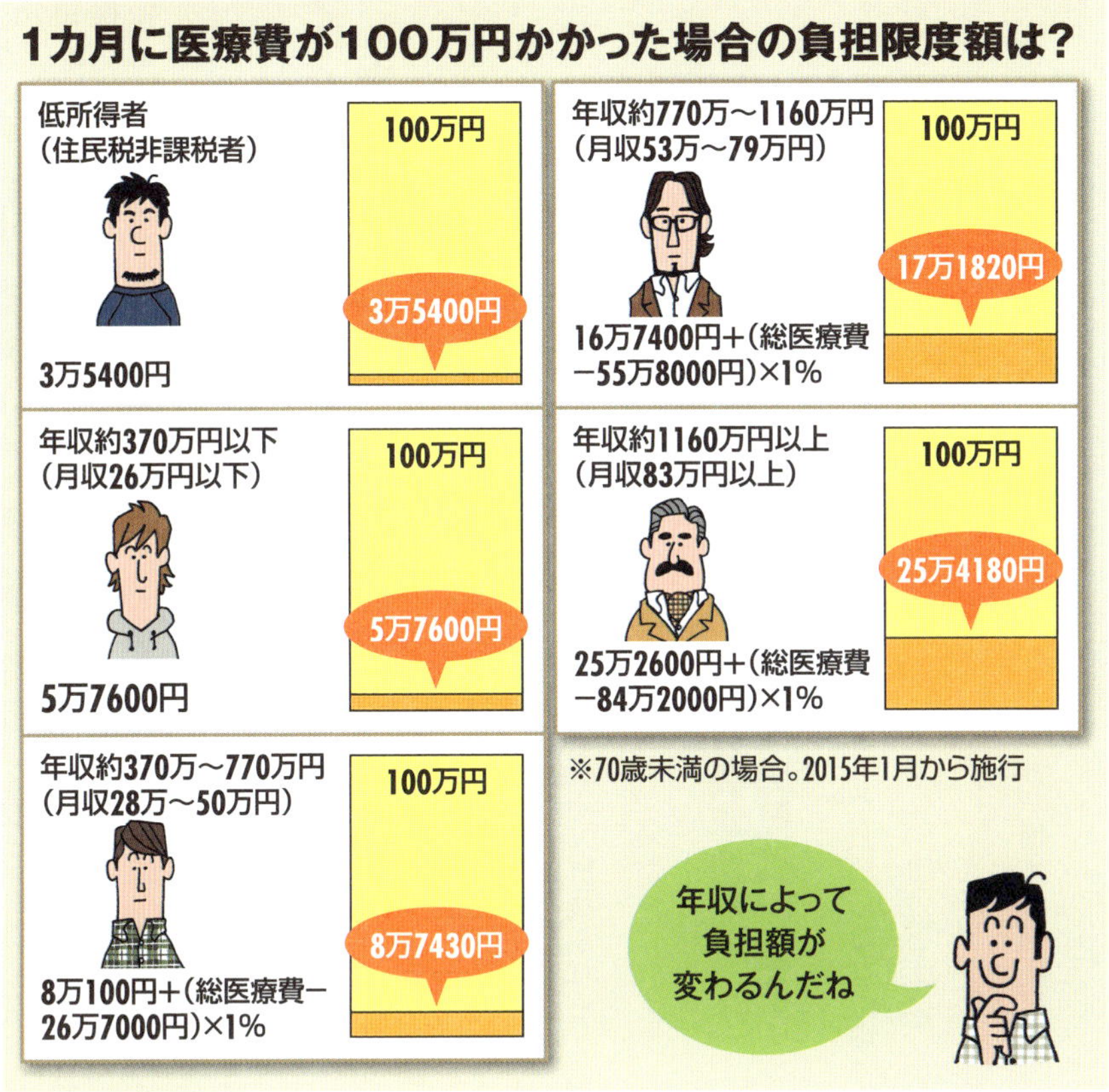


00円以上の負担があると、合算することもできる。

### 食費や差額ベッド代は含まれない

ただし、あくまで「高額療養費制度」は保険診療における自己負担額が対象となっているので、入院中の食費や、居住費、差額ベッド代が戻ってくることはない。詳しくは第3章で説明するが、全額自己負担となる「先進医療」にかかった費用も支給の対象外となっている。

**まとめ!**

- 重い病気にかかっても、高額療養費制度がカバーしてくれる
- 所得に応じて、自己負担額は変わる
- 高額療養費制度の対象外となる項目もあるので、要注意

# 勤務先の制度もチェックしておきまショウ

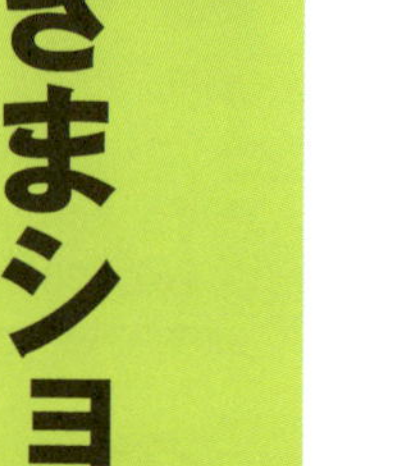

## サラリーマンや公務員は「傷病手当金」も支給

ここまで紹介してきたように、日本にはさまざまな公的保障制度が用意されており、意外と国民は国によって守られている。特に、サラリーマンや公務員にとって、病気やケガでの休業時に支給される「傷病手当金」は心強い存在だ。

また、会社の福利厚生というと、結婚や出産のお祝い金や住宅の家賃補助などが思い浮かぶが、リスクに対する備えもなされている。

さらに、民間のシンクタンク・産労総合研究所が２０１２年に発表した調査によれば、業務外による「私傷病」で休職した場合の身分保障制度が設けられている企業は、全体の98％超に達している。単刀直入に言えば、大病を理由に解雇されるリスクは低いということだ。

## 遺児への育英年金や家族の死への見舞い金も

万一、命を落としてしまった場合には、遺族に死亡弔慰金を支払う会社も少なくないし、業務上の死亡となるとその金額が増える傾向にある。また、勤続年数などに応じて死亡退職金を支給するところも多く、学校に通っている子どもがいれば、遺児育英年金が毎月給付されるところもある。

とことん太っ腹の会社では、従業員本人のみならず、その家族が亡くなった場合にも見舞金を出しているようだ。

こうした制度は、長年勤めている人であっても、意外と把握していないもの。自分の勤務先にはどのようなものが揃っているのか、福利厚生制度の概要についてまとめた書類や就業規則などを改めてチェックしておくといいだろう。

## 会社の福利厚生制度もチェック!

| | |
|---|---|
| 傷病見舞金 | ケガなどで就業不能となり欠勤した場合に支払われる。**5000～2**万円程度 |
| 災害見舞金 | 自宅が火災や風災などにより被害を受けた場合、被害の程度に応じて支払われる。**1**万～**10**万円程度 |
| 死亡弔慰金 | 共済組合などから支払われる見舞金。会社によって異なるが、**50**万～**100**万円程度が一般的 |
| 死亡退職金 | 会社から支払われるもので、勤続年数や生前の給与によって異なる。平均は給与の**44**カ月分 |
| 遺児年金 | 共済組合などから子どものいる遺族に支払われる。子どもが**18～20**歳まで月**3**万円など |

※福利厚生制度の一例

福利厚生制度の内容、
支給額は会社によって
異なリマス!

## 公的保障では足りない分を補うのが民間の保険

結局、自発的に入る保険は、こうした公的保障だけでは足りない分を補うことがその目的となる。

サラリーマンや公務員と比べ、自営業者は「足りない分」がおのずと多くなるので、しっかりと準備することが必要だろう。貯金と保険の両面で、どんなプランが好ましいか考えておこう。

**まとめ!**

- **サラリーマンや公務員は会社の福利厚生もチェックしておこう**
- **自営業者は、会社員に比べて保障の範囲が狭い**

もっと知りたい

# 素朴なギモン＆落とし穴

## みんなの意識編

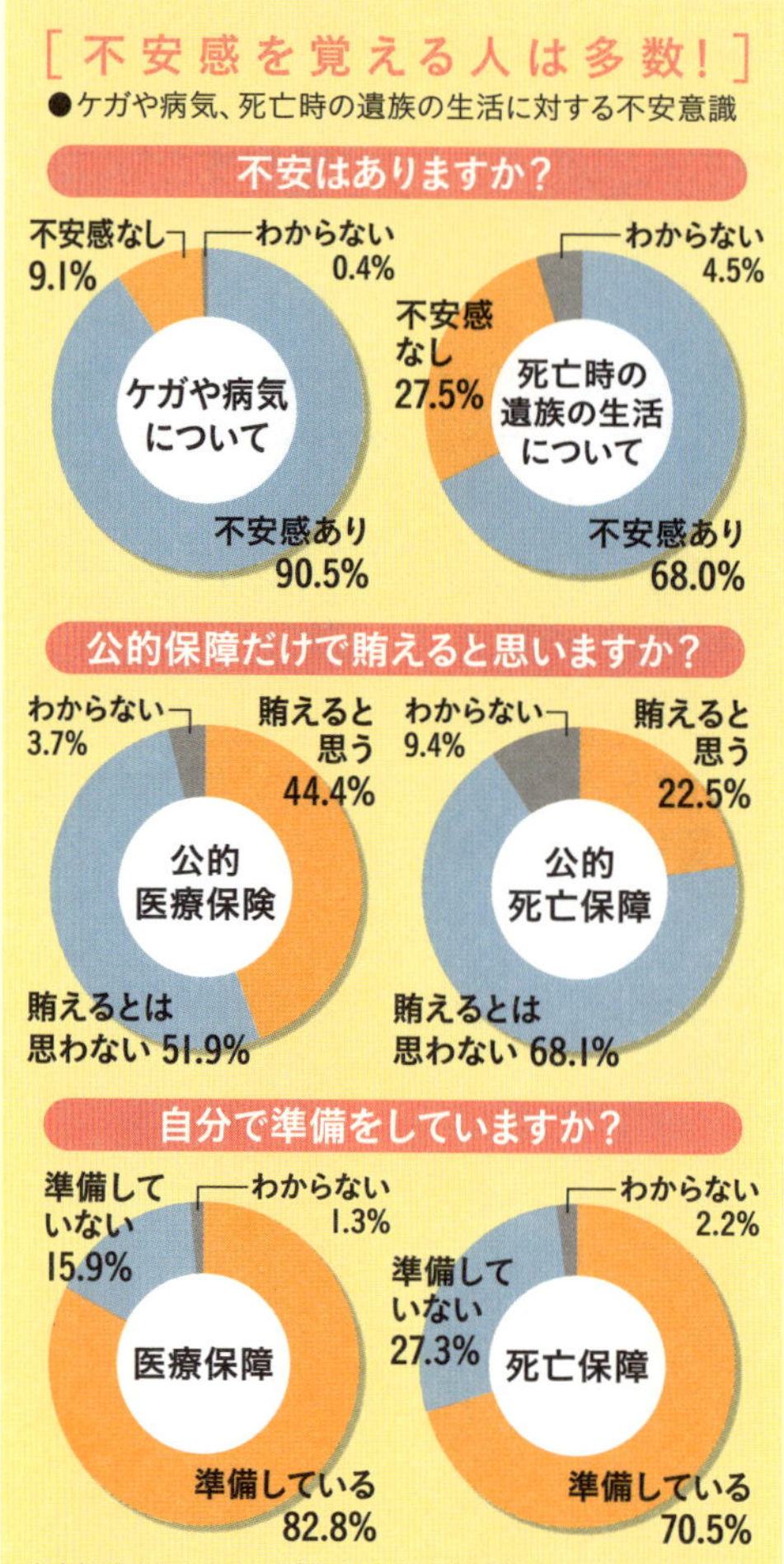

生命保険文化センターの「平成25年度生活保障に関する調査」より

### 公的保障以外に、みんな準備しているの？

**病気やケガ、万一のときに不安を覚える人は多数派だが…**

果たして、公的保障は十分な備えなのだろうか？

生命保険文化センターの「平成25年度生活保障に関する調査」によれば、病気やケガに何らかの不安を抱く人は全体9割以上に達する。そして、治療費などを公的医療保障だけでは、賄えないと考える人が過半を占める。

また、自分の死亡後の遺族の生活についても、68％が不安に感じている。公的死亡保障でそれを賄えないと思っている人もほぼ68％に及ぶ。やはり、多くの人々は自助努力も必要だと考えているようだ。

実際、医療保障、死亡保障ともに70％以上の人が自前で準備していると答えているが、アナタの準備は十分だろうか？ 自分が加入している保険の内容や貯蓄の状況などをしっかりチェックして、万全を期そう。

第3章

病気やケガは一生涯の保障にしよう

# スラスラわかる！医療保険

風邪気味のソナエがもし入院したらと妄想でパニックになるマモル。専業主婦の保険って必要なのかな？

# 専業主婦だからこそ入っておきたい医療保険

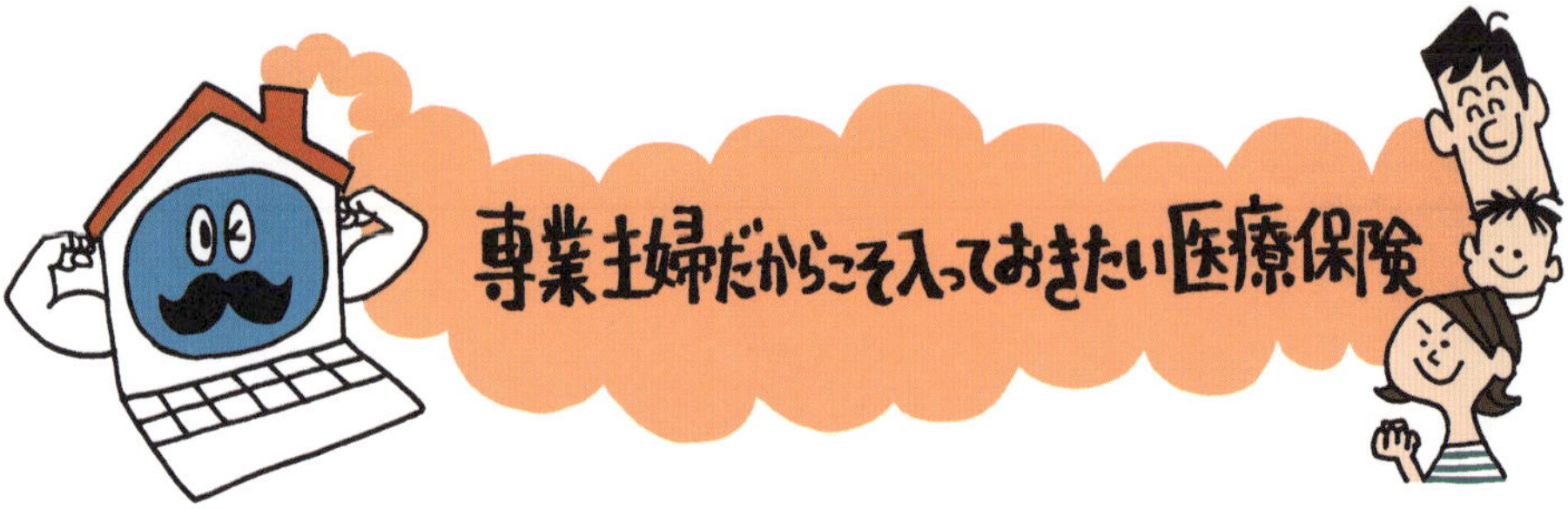

でもさ これが単なる風邪 とかじゃなくて もっと重病だったりしたら どうするんだよ…
ピーポー ピーポー
リナエ〜
心配性
確かに 私が入院しちゃうと タモツを ベビーシッターさんに 預けなきゃいけないし パパも家事を ぜーんぶ やらなきゃだわね
でも大丈夫 病気になったら そのときは私も 保険に入れば いいのよ
ちょっと パパ……
ダーーッ!!
あー タモツ…
バタン
あっ…
モワッ
FUNET!
お待たせ しましたー
フーネット！
モクモク
いや 待ってないけど
モクモク

奥様 保険というものは 病気になってからでは 加入が難しい ものなのデスね
健康なうちに 将来の病気に備えて 入るのが重要 なのデスよ！
ご主人様 奥様は直接 お金を稼いでいませんが
家事や育児を 通じて 一家を支えて くれていますね？
コクッ コクッ
うるっ
もしも 奥様が病気で 入院なさったり 長期療養を 余儀なくされたり したら ご主人様は 家事や育児を どうなさいます デスか？
む、無理すぎる
オレ一人 では無理

デスよね！
治療にかかる費用も
発生しますし
ベビーシッターを雇う必要も
出てくるかもしれないし
いろいろと出費が
かさむことに
なりますから
そういった事態に備えて
特にお子さんがいる家庭では
専業主婦こそ
医療保険への加入を
検討するのが望ましい
デスね！
なるほど～
キャッ
キャッ
アハハハ
キャッ
キャッ
ハイ
あ～ん
あれっ
具合は
もういいの？
うん
測ってみたら
熱なかったし
ワイン飲んでたら
すっかり元気に
なっちゃった！
ダーーッ
TO BE CONTINUED..

# 医療保険ってどういうもの？

## 病気やケガに対するリスクヘッジを考えよう

猪野知家の家計を支えているマモルには、万一のときだけでなく、病気やケガに対するリスクヘッジも考えておく必要がある。そこをカバーしてくれるのが医療保険だ。

医療保険は病気やケガで入院・手術をしたときに給付金がもらえるもの。風邪をひいて診療を受けたとか、歯科で歯石を取ってもらった、定期検診を受けた、というだけでは、給付の対象にはならない。

民間の保険で医療保険を確保しようとすると、死亡保険に医療特約をつける方法か、単独で医療保険に加入する方法かの2つがある。前者のほうが保険料が安いケースもあるが、オススメは後者だ。

特約にしてしまうと、主契約である保険を何らかの理由で解約したときや満期になったときに、特約部分もその時点で解消してしまうからだ。年齢を重ねるほどに入院リスクは高まるというのに、それ以降の備えがなくなってしまったらタイヘン。

医療保険は、できるだけ低コストでシンプル設計なものを選びたいものだ。

## 専業主婦も医療保障を優先的に検討しよう

病気やケガのリスクは誰にでもあることなので、稼ぎがあるかないかにかかわらず、準備をしておきたい。

猪野知家でも、専業主婦のソナエが病気になったときのことを考えて、マモルは青ざめていたが、想定外の出費になることは間違いない。治療にかかる費用はもちろんのこと、ベビーシッターや家事代行などが必要になる場合もあるだろう。そんなリスクに備えるためにも、各人が医療保障を用意するようにしよう。

## 医療保障にはいろいろな種類がある!

| | どんな保障? | 注意ポイント! |
|---|---|---|
| **医療特約** | 死亡保険など基本となる保険契約に上乗せするもの<br>医療特約<br>上乗せ!<br>基本の保険 | あくまでおまけ的な位置付けなので、本契約がなくなると特約もなくなってしまう。 |
| **医療保険** | ケガや病気などで入院・手術するときに保障される<br>病気・ケガ全般 | オーソドックスな保険で、幅広く保障される。基本はこのタイプを検討しよう。 |
| **がん保険** | がんに特化したもので、入院、通院、手術などに手厚い。診断一時金が人気<br>がん | がんに特化しているので、他の病気にかかった時は適用されない。医療保険への上乗せで考える。 |
| **女性専用医療保険** | 女性特有の病気に手厚いもの<br>病気・ケガ全般<br>女性特有<br>手厚い! | 普通の医療保険に女性特有の病気に対する保障を幅広くカバーしているので、普通の医療保険より保険料は高くなる。 |

出産を考えているのなら妊娠前の加入が好ましい。正常分娩なら問題はないが、帝王切開や吸引分娩、早産、流産などになった場合、その後は希望する保険に加入しにくくなるケースもある。

また、医療保険には女性専用の保険がある。女性特有の病気による入院や治療への保障が手厚いのが特徴だ。たとえば乳がんや子宮筋腫などの場合には、給付金が上乗せになるので、そういった病気が心配な人は女性保険を選ぶのもよいだろう。

**まとめ!**

- **医療保障は単独で、シンプルな保険を選ぼう**
- **収入のあるなしにかかわらず、医療保険を検討しよう**
- **女性特有の病気に手厚い女性保険も選択肢に**

# 医療保険は終身がおすすめデス

## 死亡保険は定期 医療保険は終身で

第1章で、必要とされる死亡保険はライフステージごとに変わるので、あえて定期型の保険を選び、更新を契機に内容を見直していくスタイルがいいと説明した。では、医療保険の場合はどうなのだろうか？

医療保険にも定期型と終身型がある。終身型は一生涯保障が続くもので、途中、保険料の値上げはない。一方、更新型は10年、20年と一定期間ごとに契約を更新していくもので、80歳で保障が切れることが多い。さらに、更新するごとに保険料は上がっていく。

人は年齢を重ねるにつれて、病気にかかるリスクは高まっていく。そして、生きている限り、そのリスクからはけっして逃れることができない。ということを考えると、医療保険については終身型で、一生涯にわたって確保しておくのが得策と言えるだろう。

保険料で比較しても、トータルで考えれば終身型のほうがメリットがある。保険料は、若い時は定期型のほうが終身型より安いが、定期型を10年ごとに継続していくパターンでは最終的には逆転、長生きすればするほど、その差は開いてしまう。

## 保険は若いうちに入ったほうがおトク！

そして、医療保険はなるべく若いうちに加入しておきたい。その理由のひとつは、保険は病気になってからでは入れないケースがあるということ。「今は健康だからまだ入らなくて大丈夫」と先延ばしにしていると、いざというときに保障が得られず、困ってしまうことも…。

もうひとつは、一般的に年齢が上がると、保障内容は同じでも保険料

### 終身と定期はどちらが得か（30歳で加入した場合）

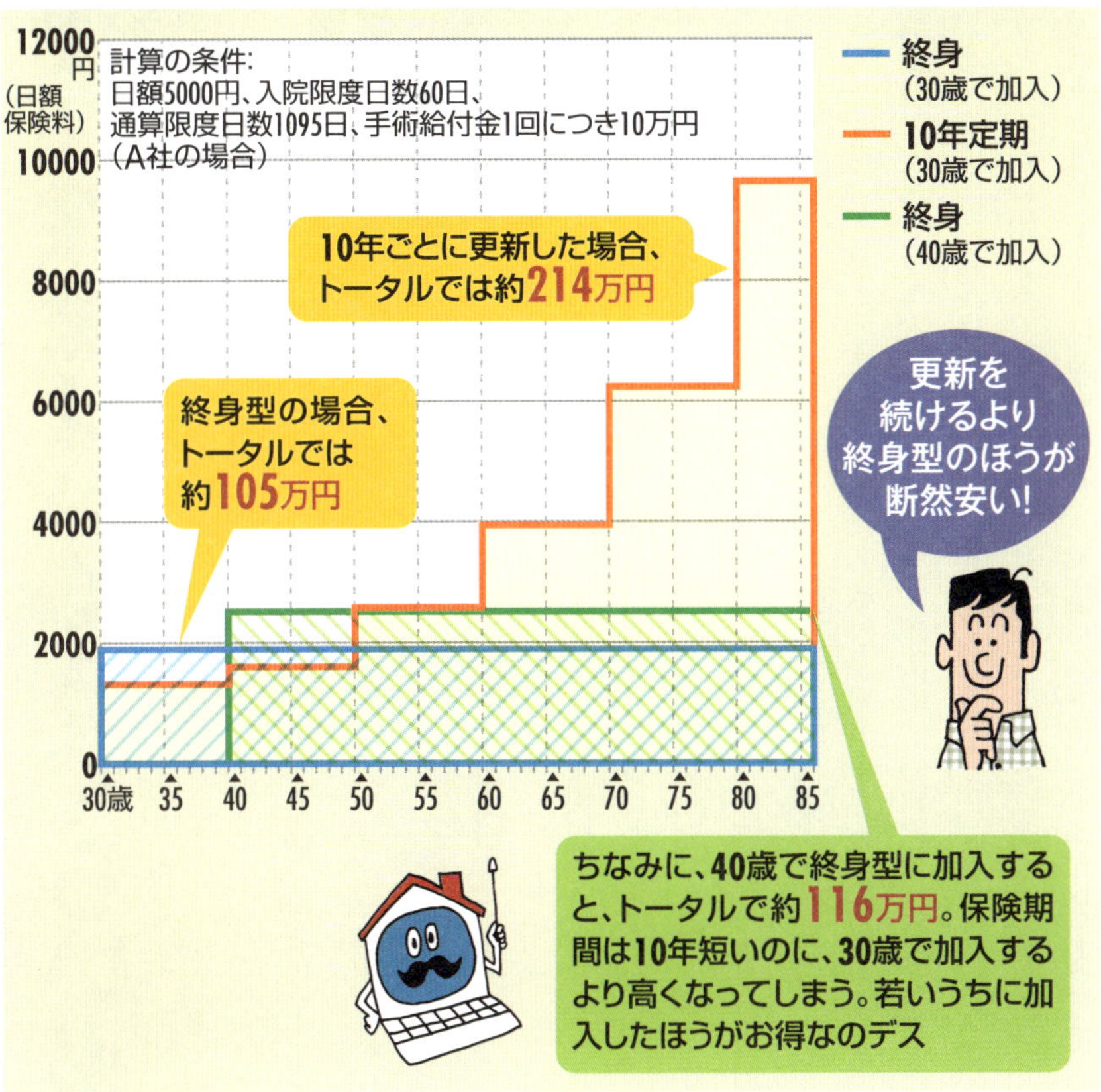


が高くなってしまうこと。早いタイミングで、低額の保険料を確保しておきたい。

さらに、契約年齢が上がる前に申し込んだほうがおトクになるので、誕生日が迫っている場合は、急いで手続きをしよう。ただし、契約年齢は「申込日の翌月1日における被保険者の満年齢」など保険会社によって決めごとがある。誕生日の前日までOKということではないので、その条件は早めに保険会社に確認をしたほうがいいだろう。

**まとめ！**

- **医療保険は終身型がオススメ**
- **保険は病気になると入れないことも。健康なうちに入ること**
- **保険料の安い若いうちに入ったほうがトク**

# 保障はいくらぐらい必要？

## 医療保険のキホンは1日当たりの入院給付金

そもそも医療費は公的保障で守られていると説明したが、100%カバーされるわけではなく、自己負担は発生する。たとえば、治療中の生活費や差額ベッド代、医療費の自己負担分、先進医療などは公的保障の範囲外だ。そこを医療保険でどう備えるかで、保険料が変わってくる。

医療保険のキホンは、入院1日あたりに必要な入院給付金はいくらか、というところから始まる。入院給付金日額は高いほど安心感はあるが、その分、保険料も高くなるので、ほどほどのところで選びたいもの。

## 8000円から1万円程度が目安

実際、病気で入院となったら、どのくらいの出費になるのだろうか。マモルのようなサラリーマンが1カ月間入院して、医療費が100万円かかった場合で試算してみよう。

高額療養費制度が適用されたとして、①医療費の自己負担分が1日あたり約3694円、②入院中の食事代（1日3食分）が約780円、③差額ベッド代が平均5918円で、

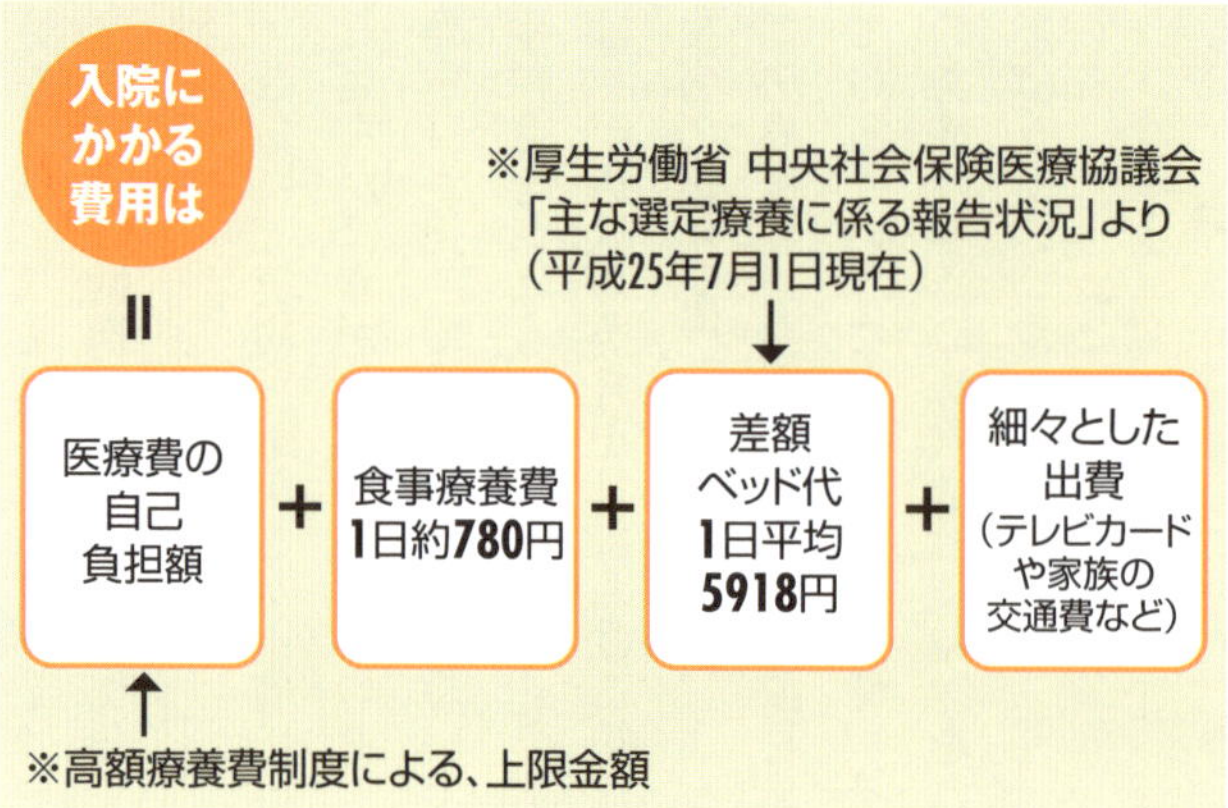

## 自分に必要な入院日額を計算してみよう

### サラリーマンが1カ月入院して、医療費が100万円かかった場合で試算

入院日額の目安は?

| | 1カ月の入院費（医療費の自己負担額＋食事療養費） | 1日あたりの負担（30日で計算） | | 最低限の医療費をカバーできればいい人 | 差額ベッド代もカバーしたい人 |
|---|---|---|---|---|---|
| 低所得者 | 5万8800円 | 1960円 | → | 3000円 | 8000円～1万円 |
| 年収約370万円以下 | 8万1000円 | 2700円 | → | 3000円 | 8000円～1万円 |
| 年収約370万～770万円 | 11万830円 | 3694円 | → | 5000円 | 1万円 |
| 年収770万～1160万円以下 | 19万5220円 | 6507円 | → | 7000円 | 1万5000円 |
| 年収1160万円以上 | 27万7580円 | 9252円 | → | 1万円 | 1万5000円～2万円 |

※2015年1月からの高額療養費制度で計算

**まとめ!**

- まずは1日あたりの入院給付金額を考える
- 1日の目安は8000円から1万円
- 自営業者はさらに上乗せも検討

合計１万３９２円。さらに、テレビカードや細々した出費があると日額１万数千円の出費となる。

差額ベッド代は必ずかかるというわけではないので、日額５０００円程度あれば最低限の入院費用は確保できる。だが個室と言わないまでも、２人部屋、４人部屋でゆっくり治療したいとなると、８０００円から１万円くらいが目安になるだろう。

また、自営業の場合は、収入がダウンするケースもあるので、その分を上乗せする、という考え方もある。

# いつから&何日保障してくれるのかも重要デス

## 日帰り入院から給付金がもらえるといい

医療保険の条件としてもうひとつ押さえておきたいのが、いつから保障してくれるのか、何日間保障してくれるのか。この日数は商品によって異なるし、保険料にも反映してくるので、必ず確認するようにしよう。

まず、いつから保障してくれるのか。日本は高齢化先進国なので、医療費の抑制は国にとって大きな課題。こうしたことから、入院日数もどんどん短くなってきている。以前は「5日型」と言われ、5日以上入院した場合、初日～4日目までは保障対象外、5日目以降を保障する保険がほとんどだった。

| | 内容 | メリット |
|---|---|---|
| 日帰り入院保障 | 入院日＝退院日の入院から保障する。入院料の有無が判断の基準 | すべての入院が保障される |
| 1泊2日入院保障 | 1泊2日の入院から保障する。日帰り入院は対象外 | 日帰り入院と同様、多くの入院をカバーできる |
| 5日型入院保障 | 5日以上入院した場合、5日目以降を保障する。4日目までは保障対象外 | 保険料が比較的安い |

しかし、5日以内に退院する人が増え、全体の33%を占め、日帰り入院は過去15年で約1・5倍に増えている（平成23年厚生労働省の「患者調査」による）。それに伴い、医療保険も進化し、1泊2日から保障、さらには日帰り入院もOKという保険が主流になってきているのだ。

## 支払限度日数も短めでいい

次に、いつまで保障してくれるの

## 平均在院日数は短くなる傾向に！

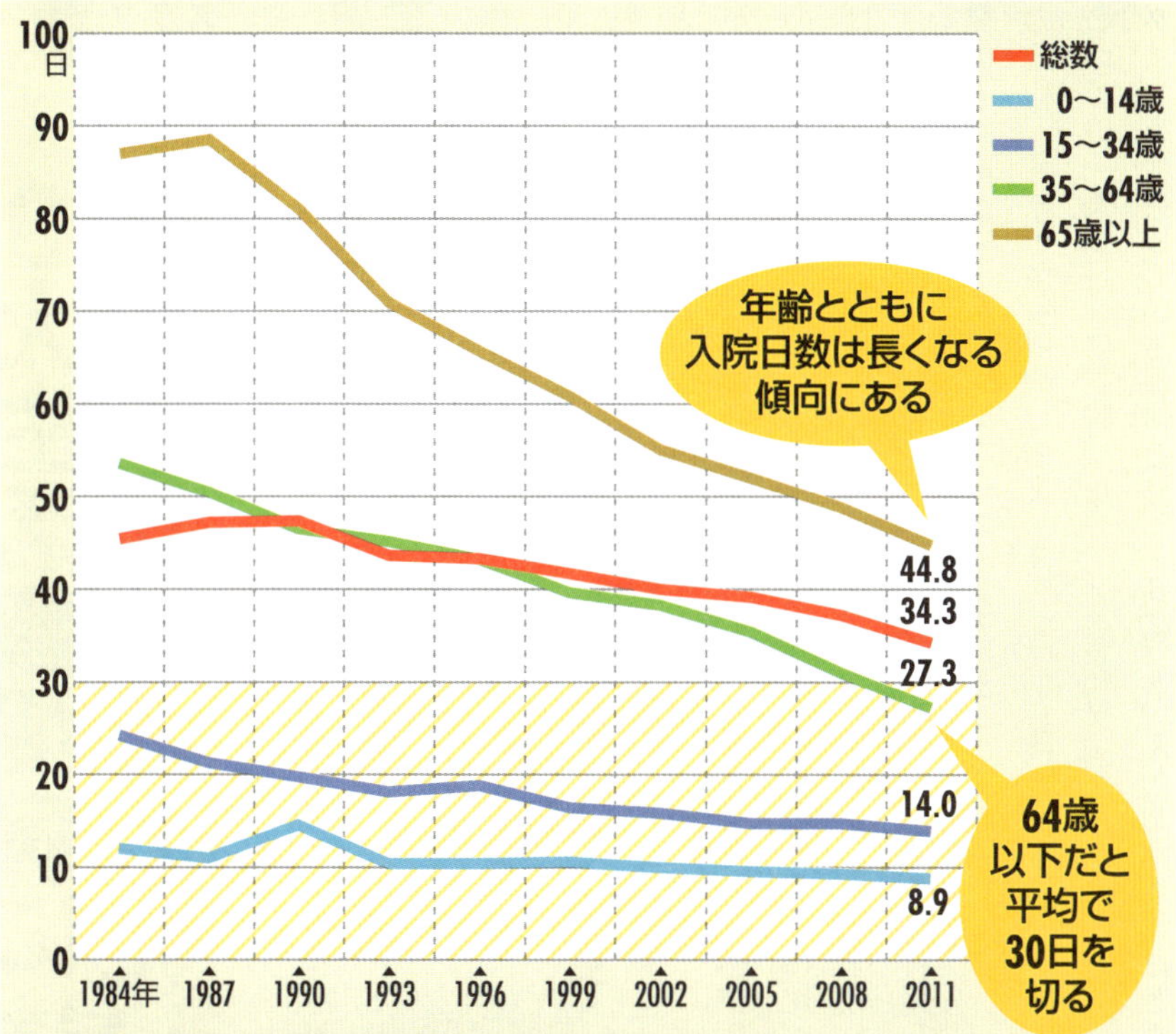


※各年9月1〜30日に退院した患者の在院日数の平均
※08年、11年は、宮城県石巻医療圏、気仙沼医療圏、および福島県を除いた数値
※厚生労働省「平成23年、20年患者調査」より

か。１回の入院で給付金が支払われる上限日数は、商品によって決められている。これも以前は60日〜180日程度が主流だったが、入院自体が短期化するにつれ、30日型が登場した。

支払限度日数も長くなれば保険料が上がることになる。１カ月以内に退院する人は全体の83％というデータもあり、保険料とのバランスを考えれば、30日型は合理的な数字と言えそうだ。

**まとめ！**

- 入院は短期化する傾向
- 日帰り入院対応を選ぼう
- 1入院あたりの支払限度日数は短めに設定し、保険料をセーブしよう

# 3大生活習慣病には保障を手厚くしたいデス

## 長期化する病気の場合は無制限のタイプを

全体に入院期間は短くなっているものの、一方で、がん・心疾患・脳血管疾患といった3大生活習慣病は、年齢とともに患う人が増えていくし、入院が長期化しがちだ。特に脳血管疾患の場合、男性であれば平均在院日数は76・2日というデータもある。そういうときこそ、医療保険のパワーが発揮されるというもの。

そのため、3大生活習慣病での入院については「支払日数に制限がない」タイプを提案している保険会社も多い。ベースになる保障は短めに設定しておき、長期化するリスクにはきちんと備える、そんな医療保険を選んでおくと安心だ。

## がん治療には一時金で受け取れるタイプを

また、再発や入退院を繰り返しがちながんは、他の病気に比べて経済的ダメージが大きい。そのため、がん保険という、がんに特化した保険がある。

医療保険より厚めの入院給付金や手術給付金が確保できるが、特に、初めてがんと診断されたときに出る「がん診断一時金」への需要が高まっている。

がんの治療は健康保険の対象外の最先端医療を勧められる場合もあるので、治療費が高額になりがち。がんの発見後、すぐにまとまったお金がもらえれば早期から最新治療を受ける機会を逃さずに済む。

また、治療中は仕事を休まざるをえなくなり生活費が苦しくなったり、退院後も通院が長引くと交通費がかさんだり、術後のケアとしてウィッグの購入を検討したり、と予想以上に費用がかかることがあるので、幅広い用途で使える一時金が受け取れ

## 3大生活習慣病の在院日数は?

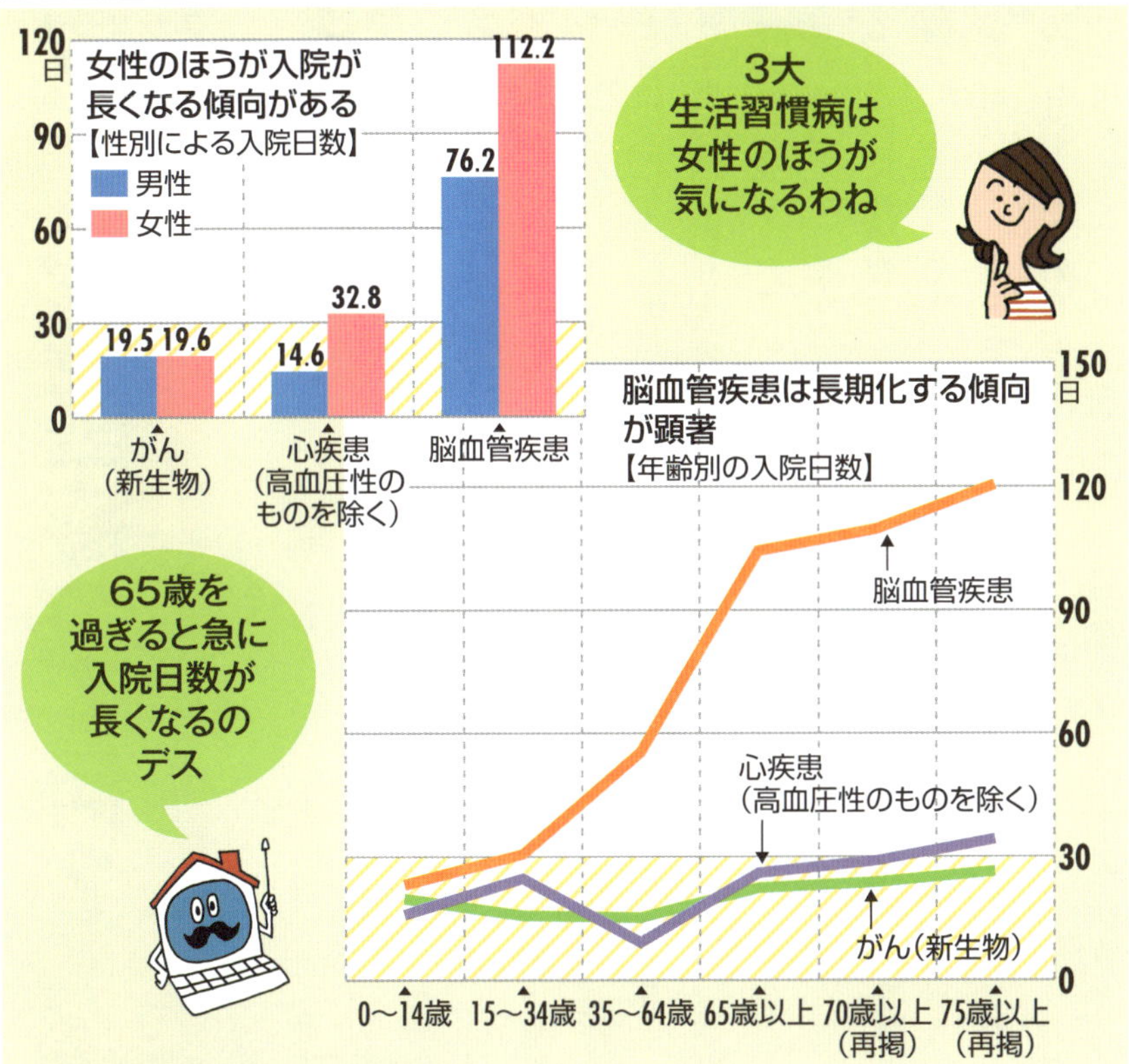


※厚生労働省「平成23年患者調査」より

るのはメリットが大きい。

　気をつけておきたいのは、がん保険はがんに特化しているので、がんにならないと給付金が出ないということ。そのため、医療保険に上乗せするケースが多い。

　しかし、がん保険に入っていないとがんに対応できないのか、というとそんなこともない。もちろん、医療保険の保障対象となるし、がんに手厚い医療保険もある。内容と保険料を比べて、どちらのタイプを選ぶかを決めよう。

**まとめ!**

- **3大生活習慣病の入院は長期化しがち**
- **3大生活習慣病は支払限度日数が無制限のタイプに**
- **がんと診断されたら一時金が出るタイプがオススメ**

# 先進医療って何？

## すべての最先端医療が該当するわけではない

最近の医療保険には必ずセットで出てくるのがこの「先進医療」という言葉。がんなどの重い病気にかかったときに受けたい医療だが、保険が利かず費用がかかりすぎてなかなか思うように受けられないというイメージがある。それをサポートしてくれるのが医療保険だ。

特約として上乗せできるものと、最初から組み込まれているものなどがある。保険料はそれほど高くはないので、加入しておくのも悪くない。

しかし、「先進医療」＝「最先端の技術を用いた治療」とは限らないということをご存じだろうか。この言葉に該当するのは、将来的に保険導入が期待されている医療技術で、あくまで厚生労働省が「先進医療」と定めたものだけ。２０１５年1月１日時点で１０６種類に限定されている。

しかも、この治療が受けられるのは、特定の医療機関だけ。先進医療の対象となっている医療技術と同等の診療や検査を行なっていても、厚生労働省の承認を受けていなければ「先進医療」とは認められないのだ。

認定される技術や医療機関はこまめに見直されるので、最新情報は厚生労働省のホームページで確認するようにしよう。

## 全額自己負担分を保険によってカバー

日本の医療は、原則的に公的医療保険の利く治療と利かない治療を同時に行なうことは禁止されている。いわゆる「混合診療の禁止」で、保険外診療を受けると、保険診療分も全額自己負担になってしまう。

ただし、「先進医療」なら保険診療と保険外診療の併用が認められて

## 先進医療っていくらくらいかかるの?

### 先進医療でかかる技術料の例

| 先進医療技術 | 技術料（1件あたり平均値） | 平均入院期間 | 年間実施総件数 |
|---|---|---|---|
| 多焦点眼内レンズを用いた水晶体再建術 | 51万3167円 | 1.3日 | 5248件 |
| 陽子線治療 | 258万5912円 | 17.7日 | 2170件 |
| 重粒子線治療 | 303万6828円 | 18.6日 | 1286件 |

※厚生労働省「平成25年度（平成24年7月1日～平成25年6月30日）実績報告」より
※1件あたり平均値＝
各先進医療の先進医療部分にかかる費用の総額÷年間実施件数

いるので、「先進医療」の費用のみが全額自己負担となる。

　先進医療の費用は高額なものばかりとは限らないので、先進医療を受けたら定額の給付金が出る、ということではなく、その技術料と同額の給付金が受け取れる保険が多い。

　特に気になるのが、がん治療に使われる「陽子線治療」や「重粒子線治療」で、治療費が数百万円単位となることも。実施件数は少ないが、もしもの時のための保険と考えれば、用意しておくに越したことはない。

**まとめ!**

- **先進医療＝最先端の医療ではない**
- **受診できる医療機関は限られている**
- **先進医療なら保険診療との併用が認められている**

ライフネット生命

# 終身医療保険「新じぶんへの保険」

## 入院&手術の保障は？

**入院給付金日額**

5,000円、8,000円、1万円、1万2,000円、1万5,000円

**1入院の支払限度日数**

1回の入院につき60日、最大1095日

**手術給付金**

入院給付金日額の10倍

ポイント！

最初の入院が5日未満だったとしても、5日分の入院給付金が受け取れる。2回目以降は1入院とみなされるので合算されるが、退院から180日を超えると、新たな入院とみなされる。

## どんな保険？

**保障内容**

- 入院給付金
- 手術給付金
- がん治療給付金（おすすめコースのみ）
- 先進医療給付金（おすすめコースのみ）

ポイント！

エコノミーコースとおすすめコースの2タイプから選ぶことができる。

## いくつまで契約できるの？

**契約年齢と保険期間**

契約できるのは　20歳以上～70歳以下

保険期間は　一生涯（終身）

## 短期の入院も保障！2つのコースを選べる

病気やケガのリスクは年齢を経るほどむしろ高まるので、医療保障はずっと続いたほうがいい。終身タイプの医療保険をチェックしてみよう。

2014年にバージョンアップしたライフネット生命の「新じぶんへの保険」も終身タイプ。3大生活習慣病や先進医療などの保障が手厚くなった。当然、保険料も加入時から一生涯変わらない。

給付対象は、入院した場合の入院給付金と、手術を行なった場合の手術給付金。医療費抑制のアオリで入院日数はどんどん短くなっているが、この保険は日帰り入院（入・退院が同一日）から保障されるので安心。入院が5日以内の場合は、一律5日

# ネット生保の商品チェック！［医療保険編］

## 保険料はどのくらい？

### 保険料

**保険料は加入時のまま**

**月額保険料の例**

（入院給付金日額8,000円終身払い、男性の場合）

| | 20歳 | 30歳 | 40歳 |
|---|---|---|---|
| おすすめコース | 2,980円 | 4,144円 | 5,895円 |
| エコノミーコース | 1,764円 | 2,352円 | 3,200円 |

（2015年1月時点）

※この保険には解約返戻金や、満期保険金・配当は含まれない。

**ポイント！**

終身タイプは、一度加入すると保険料は一生涯上がらないので、若いうちに入ったほうがベター。

## がん＆先進医療の保障は？

### がん治療給付金

**入院給付金日額の100倍**

### 先進医療給付金

**技術料と同額**
**（通算支払限度額は2,000万円）**

これなら治療に専念できそうデス

**ポイント！**

がんと診断されると入院給付金日額の100倍が一括で支払われる。日額8,000円を選ぶと、80万円になる。1年後に再度がん治療を受けた時も保障され、最大5回まで受け取れるので、がんに対する安心度も高い。

分の入院給付金をもらえる。

2つのコースが用意されているが、保障が充実しているのが「おすすめコース」のほうだ。まず、所定の3大生活習慣病（がん・心疾患・脳血管疾患など）を患った場合には、1回の入院について支払限度日数が無制限となる。また、初めてがんと診断された時点で、がん治療給付金（入院給付金日額の100倍）を一括でもらえるのも心強いだろう。

さらに、先進医療についても、要した技術料と同額の給付金が支給される。予算が許すなら、ここは「おすすめコース」を選びたい。

がんもカバーしておきたいね

もっと知りたい

# 素朴なギモン&落とし穴 医療保険編

## 健康ボーナスが付いた保険ってオトクなの?

### 自分が支払った保険料が戻ってくる仕組みの保険

一定期間にわたって保障の対象となる病気やケガで入院することがなければ、健康ボーナスが支払われる保険がある。祝い金や生存給付金など、呼び方はさまざまだが、基本的な仕組みは同じだ。

病気やケガで入院すれば給付金が出るし、健康で過ごせばボーナスが出る、どちらに転んでもお金がもらえるとなれば、かなりオトクなイメージを抱くかもしれない。

だが、基本的には自分が支払ってきた保険料が返金されるだけのこと。健康ボーナスが付いている保険と付いていない保険を比べてみると、健康ボーナスが付いている保険のほうが大抵、保険料は高くなっているはずだ。

しかも、一定額以上の給付金を受け取ると、健康ボーナスはもらえなくなってしまうタイプも多い。それなら、同じ保障内容の掛け捨て保険に加入しつつ、保険料を抑え、その分を自分で貯蓄していたほうが合理的だろう。

一見お得そうに聞こえるが、保険は内容をしっかり理解してから選ぶことを肝に銘じよう。

### 保障の対象にならないがんがある!

がんの中には「上皮内がん」というものがあり、悪性新生物とは区別されている。上皮内に留まってがん細胞が他の細胞に広がっていかない(浸潤しない)、転移しないという特徴があるため、大きな手術にならないケースが多い。そのため、がん保障の対象外としている会社もあるのだ。

# 同じ病気で再入院したら1入院とみなされる！

## 所定の期間を経れば別入院とみなされる！

病気には、再発しがちなものもある。しかし、同じ病気が原因で再入院した場合は、前回の入院と合わせて継続的な1回の入院とカウントされるのが医療保険におけるルール。これは医療保険という主契約のみならず、他の保険にセットされた医療関連特約にも共通していることだ。

もっとも、前回に退院した日の翌日から所定の期間（180日が一般的）を経て再入院した場合は、別の入院として扱ってもらえる。同じ病気としてカウントされてしまうと、1回の入院について設定されている限度日数までしか入院給付金がもらえない。これに対し、同じ病気であっても別の入院とみなされれば、それぞれの限度日数まで入院給付金を受け取ることが可能だ。

とはいえ、入院給付金は通算支払限度日数も定められている。また、保険によっては異なる病気が原因であっても、1回の入院と判断されるケースがあるのでご注意を！

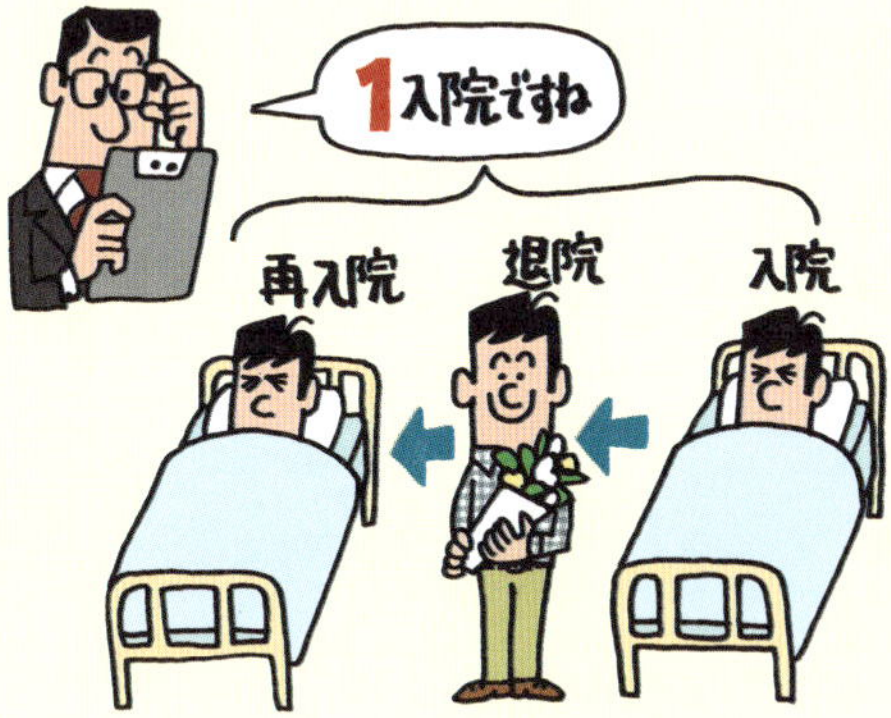


**180日以内に再入院すると1入院に！**

**Aさん：がんで30日入院したあと、転移が見つかり、40日間再入院**

**（60日型の医療保険の場合）**

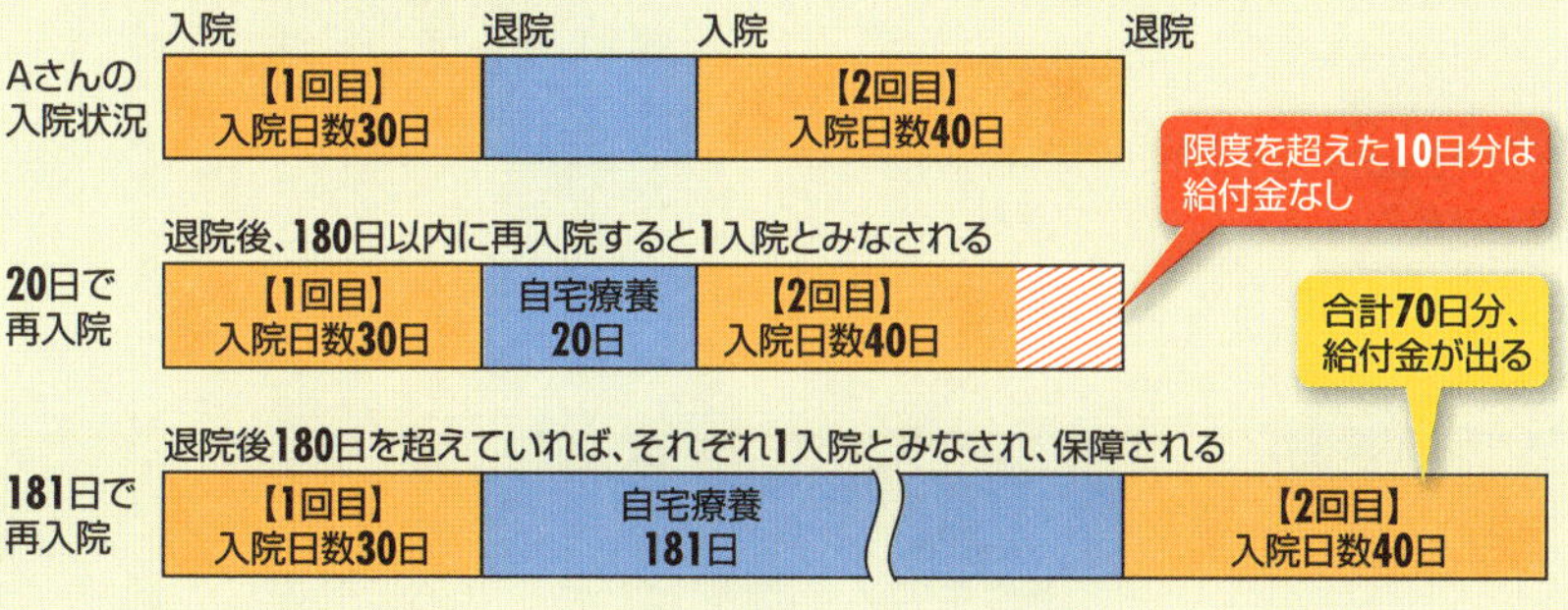

# 保険金・給付金の請求はどうしたらいいの？

## 事前に指定していた代理人でも請求可能

保険金・給付金が支払われるような事態に遭遇したら、速やかに請求の手続きを行なおう。病気やケガで被保険者本人が意思表示できない場合は、契約時にあらかじめ指定しておいた代理人が手続きを行なうことが可能だ。

まずは保険会社に電話を入れて、状況をきちんと説明する。請求後、1週間程度で保険会社から必要書類が郵送されてくるはずだ。そこで、該当箇所に漏れなく記入し、念には念を入れて記入ミスなどないようしっかりと確認したうえで、迅速に返送しよう。

提出された請求書を保険会社が確認し、約款に基づく支払対象になると判断されたら、契約時に指定していた金融機関の口座に保険金が振り込まれることになる。そして、その支払明細も後日到着する。

もしも提出された書類だけでは判断が難しくて事実確認が必要だったり、書類に不備があったりした場合は、保険会社から連絡が入るはずだ。また、約款の規定によって保険金・給付金の支払対象とならないと決定されたら、理由を記した書面が送付される。その内容に納得できないなら、「再審制度（不服申し立て→再度の審査請求）」を利用することも可能だ。

### 給付金請求の流れ（医療保険の場合）

**1. 電話やネットで請求手続き**

保険会社に連絡し、請求手続きを始める。
一般的に必要なのは、
・証券番号
・名前
・入院・手術の詳細
・入院日、退院日、手術日

→

**2. 必要書類の返送**

1週間程度で書類が届く。
必要書類をまとめて、提出。
一般的に必要なのは、
・給付金請求書
・治療状況報告書
・診療明細書
・入院費用の領収書
・医療機関への照会承諾書
・受取人の印鑑証明など

→

**3. 保険金・給付金の受け取り**

支払内容が決定した場合、指定の口座に振り込まれる。
〈注意〉提出書類で審査が行なわれるが、その書類だけで判断できない場合は、医療機関への事実確認などが行なわれる。

### がんの保障には免責期間がある！

多くの保険には、加入してから所定の日数が経過するまでは保障の対象とならないというルールが定められている。これが免責期間と呼ばれるもので、がん保険の場合は90日が一般的だ。保険に加入してから90日以内にがんと診断されても、保険金は支払われないので注意しておきたい。

# 診断書が高くて日帰り入院じゃモトが取れない？

## 「簡易請求」という制度があれば大丈夫

本来、入院給付金や手術給付金、入院療養給付金、外来療養給付金などを請求する際には、医師の診断書が必要なことが多い。タダで診断書を書いてもらえるのならまったく問題がないものの、その相場は４０００～１万円程度※で、意外と軽視できない金額だ。給付額が限られている日帰り入院などでは、モトが取れないケースが発生する可能性も……。

そこで、保険会社によっては「簡易請求」という制度が導入されている。これは、医師の診断書の提出を原則的に不要としたものだ。これによって保険のコストパフォーマンスが大きく向上したばかりか、支払いまでの期間も短縮されることとなった。

一方、診断書を提出したにもかかわらず、支払いの対象とはならないとの審査結果が下されるケースもありうる。そのような場合、たとえばライフネット生命では診断書の取得費用に相当する額を被保険者に対して支払っている。

そもそも日帰り入院は対象外となっている保険もあるので、給付の条件や金額などをきちんと確認したうえで加入を決めるべきだ。

※産労総合研究所「２０１２年医療機関における文書科全実態調査」より。

**保険金請求の時効は3年！**

実は、生命保険の保険金請求に関しても時効が定められている。その根拠となるのは保険法で、支払いの事由が発生してから3年だ。この期間が経過してしまうと、保険金の請求権利を失ってしまうのだ。一方、被保険者の死亡後も自動引き落としなどで保険料が支払われていた場合、その返還を求められるが、こちらも3年で時効に。

# 保険料の払込方法は?

## 自動引き落としにクレジットカードも

保険料の支払いについては、多くの人は給与振込先の口座などから自動引き落とし(口座振替)にしていることだろう。残高不足でない限り、払い込みを忘れてしまう恐れもない。ただし、保険会社によって口座振替が可能な金融機関が限定されているので、事前にきちんと確認しておこう。

また、振替日も決まっているので、残高不足に陥らないように覚えておきたい。連続で引き落としができないと、やがては保険契約が失効する。

一方、クレジットカードでの支払いが可能な保険会社もある。その手続きを済ませておけば、毎月自動的にクレジットカードで決済される。ポイントサービス付きのカードなら、保険料の支払いでもそれが貯まるわけだ。本来、保険料は単なるコスト(出費)にすぎない。ポイントがつけば、実質的にその分だけ保険料が割安となる。

# 東京都内の差額ベッド代はどのくらい?

## ピンからキリまで料金は千差万別!

まさにピンからキリまで、差額ベッド代は病院や部屋のグレードによってかなり異なる。たとえば慶應義塾大学病院は最低1日5400円(4人部屋)で、最高は19万4400円とまるでスイートルームのような病室もある。都内では相対的に料金設定が低めの東京医科大学八王子医療センターでも、最高1万7280円になる。差額ベッド代は公的な医療保険が適用されない費用なので、民間の医療保険で備えるのが良いだろう。

**差額ベッド代はどのくらい?**

| | 最高 | 4人部屋 |
|---|---|---|
| 慶応義塾大学病院 | 19万4400円 | 5400円 |
| 東京女子医科大学病院 | 19万4400円 | 3240円 |
| 日本赤十字社医療センター | 15万円 | 2100円 |
| 東京都済生会中央病院 | 5万7240円 | 7020円 |
| 東京医科大学八王子医療センター | 1万7280円 | なし |

2015年1月時点、各HPより抜粋

第4章

生命保険や医療保険でカバーできないものがある!

# スラスラわかる!就業不能保険

病気やケガで働けなくなったらどうする?
マモルの兄も登場して、第3のリスク管理を考える

死亡保障や医療保障だけでカバーできないリスクも!

パパも私も加入プラン決まったし今日こそ申込み手続き終わらせなきゃね
ただいまー
いやーヤバイ
どうしたのなんかあった?
いやー大変だったんだよ 部長が脳梗塞で倒れちゃってそのまま入院!
へぇー それは気の毒・・・で、どれくらい入院するの?
それがかなり長くなりそうなんだよな
命に別条はないけど現時点で職場に復帰できる見通しは立っていないって部長の奥さん言ってたよ

パパも最近運動不足でおなかが出てきたみたいだし外でお酒ばっかり飲んでると明日は我が身かもよ気をつけなきゃね
おいおい、よせよ～縁起でもない
ハイ洗たくもの
それにそういった事態に備えて保険に入ろうとしているんだから
ほら、医療保障は一生涯だっただろ
なにが入院だよ
大病で長期入院…
ゲッソリ
と言いつつ
モワモワ
心配性
イエーイ！タモツ！
キャッキャッ
いやいや考えない考えない
ボコ!!
いてっ来ると思った
ご主人様！医療保険がカバーしてくれるのはもっぱら入院費用や治療中の諸費用なのデスね
FUNET!
療養が長期化するとカバーしきれなくなる恐れも出てくるのでアリマスヨ！
モクモク
えーっ！そんな！

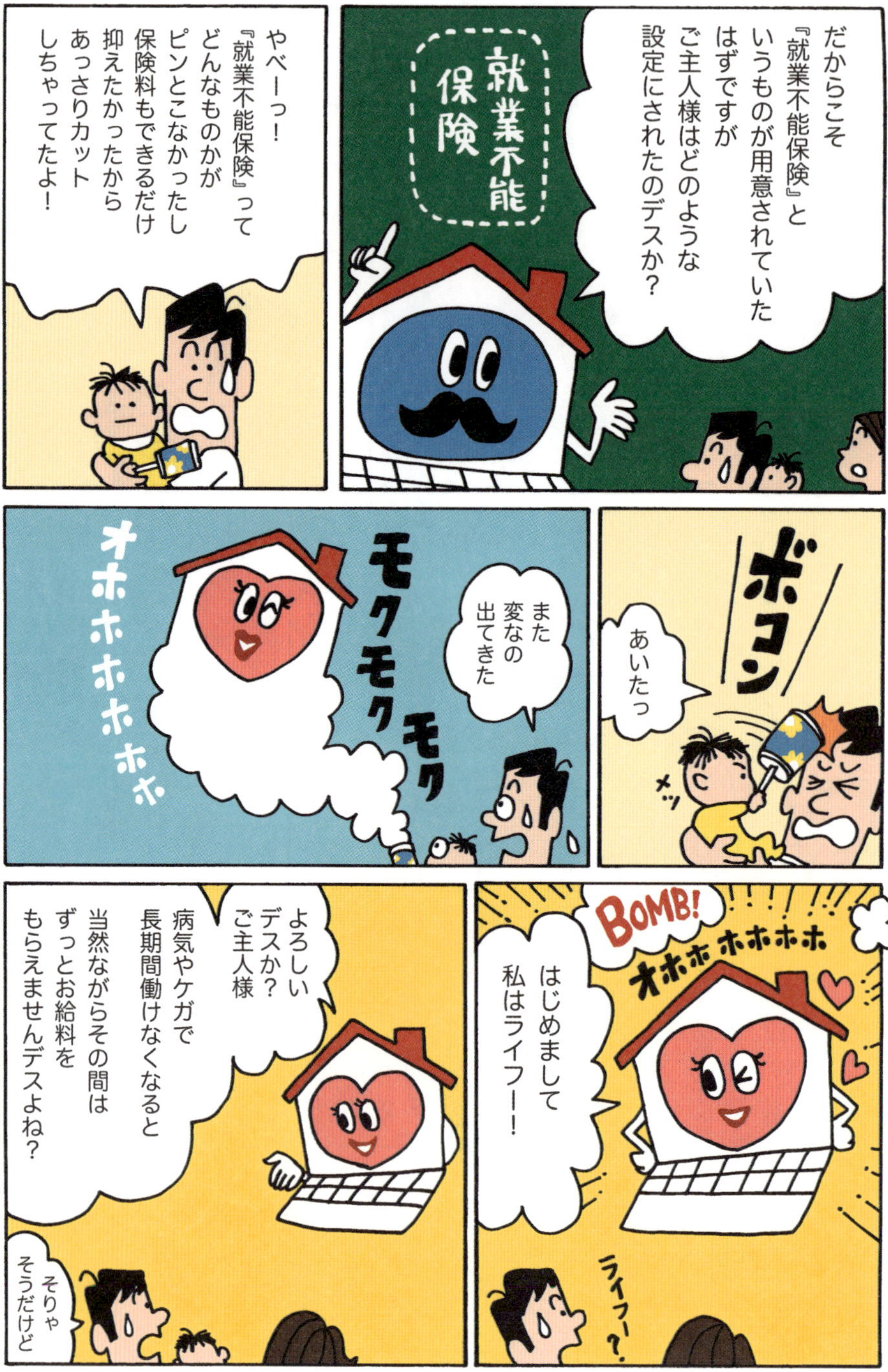
だからこそ『就業不能保険』というものが用意されていたはずですがご主人様はどのような設定にされたのデスか？
就業不能保険
やべーっ！『就業不能保険』ってどんなものかがピンとこなかったし保険料もできるだけ抑えたかったからあっさりカットしちゃってたよ！
ボコン
あいたっ
メッ
また変なの出てきた
モクモクモク
オホホホホホ
BOMB!
オホホ ホホホホ
はじめまして私はライフー！
ライフー？
よろしいデスか？ご主人様
病気やケガで長期間働けなくなると当然ながらその間はずっとお給料をもらえませんデスよね？
そりゃそうだけど

TO BE CONTINUED

# 働けなくなったときのことを考えたことはありマスか？

## 死亡保障と医療保障だけじゃカバーできない！

適切な死亡保障と医療保障を掛けておけば、果たして本当に万全と言えるのだろうか？　ここでは意外な〝盲点〟について触れておきたい。

病気やケガで長期療養を強いられた場合、医療保障を備えていれば入院・手術に関わるお金についてはサポートされるが、その一方で生活費のほうはどうだろうか？

まったく働けない（＝就業不能）状態が続けば、当然ながらその間の収入が減り、療養が長期化するほど日々の出費はかさむ。

会社員や公務員であれば健康保険や共済組合から傷病手当金が出るが、最長1年6カ月で終了。65歳からは公的年金が受給できるが、その間の生活費までカバーすることは難しい。そこで、そういった就業不能状態になってしまった場合に、毎月、生活費代わりに保険金（就業不能給付金）を受け取れるように設計されたのが、就業不能保険や所得補償保険だ。

似ているものに収入保障保険があるが、こちらは万が一のときに遺族に支払われるもの。亡くなった後に保険金が毎月お給料のように支払われるのでこういった名前がついている。混同しないように注意しよう。

## いかなる職業においても就業ができない…が条件

医療保険が入院を前提としているのに対し、就業不能保険は在宅療養もカバーされるので心強いが、具体的にはどのようなケースが当てはまるのだろうか。

就業不能とは、たとえば「いかなる職業においてもまったく就業ができない状態」などのことを指すので、この場合は深刻な病気やケガが給付対象となる。

## 公的年金受け取りまで収入がなくなってしまう!

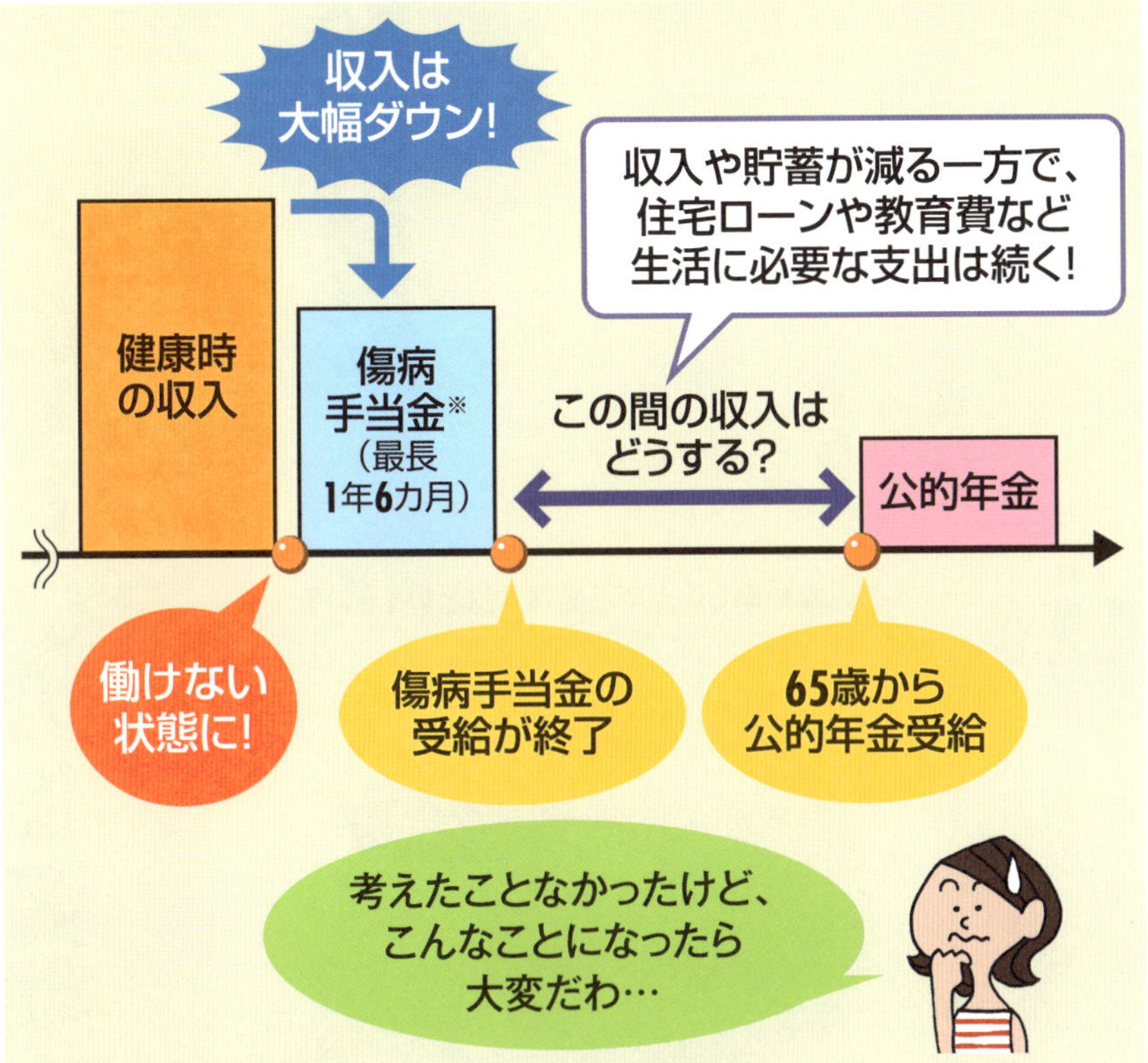


※会社員の場合、標準報酬日額の3分の2に相当する額を支給

**まとめ!**

- 医療保険と死亡保険だけじゃカバーできない
- 長期療養の保障として就業不能保険を検討
- 深刻な事態にこそ威力を発揮するのが保険

たとえば、急性心筋梗塞を発症し、手術によって一命は取りとめたものの、リハビリのために3カ月間の入院。そして、その後も9カ月間にわたって在宅療養を指示された場合。脳梗塞で救急搬送され約1年入院、退院後も意識障害やマヒ、呼吸障害などの後遺症が残り、長期在宅療養となった場合などが挙げられる。

個人の力ではどうしようもないリスクに対応できるのがこの保険のよいところ。働き盛りのビジネスマンのお守りとして検討してみよう。

# どのくらいの保障額が必要なの？

## 収入によって異なるが、月額15万円を目安に

ただでさえ、長引く療養生活ですっかり心細くなっているのに、生活費の工面でも頭を悩ますことになれば、まさしく〝泣きっ面にハチ〟だろう。だから、就業不能給付金はたくさんもらえるのに越したことがないものの、他の保険と同様、保障を厚くすれば保険料もアップする。自分の所得水準と毎月支払える保険料に応じて、妥当な保障額を導き出していく必要があるだろう。

ライフネット生命のデータによると、同社の就業不能保険「働く人への保険」に加入している人の38%が月額15万円と最も多い。そして、約9割弱が10万～20万円を選んでいる。

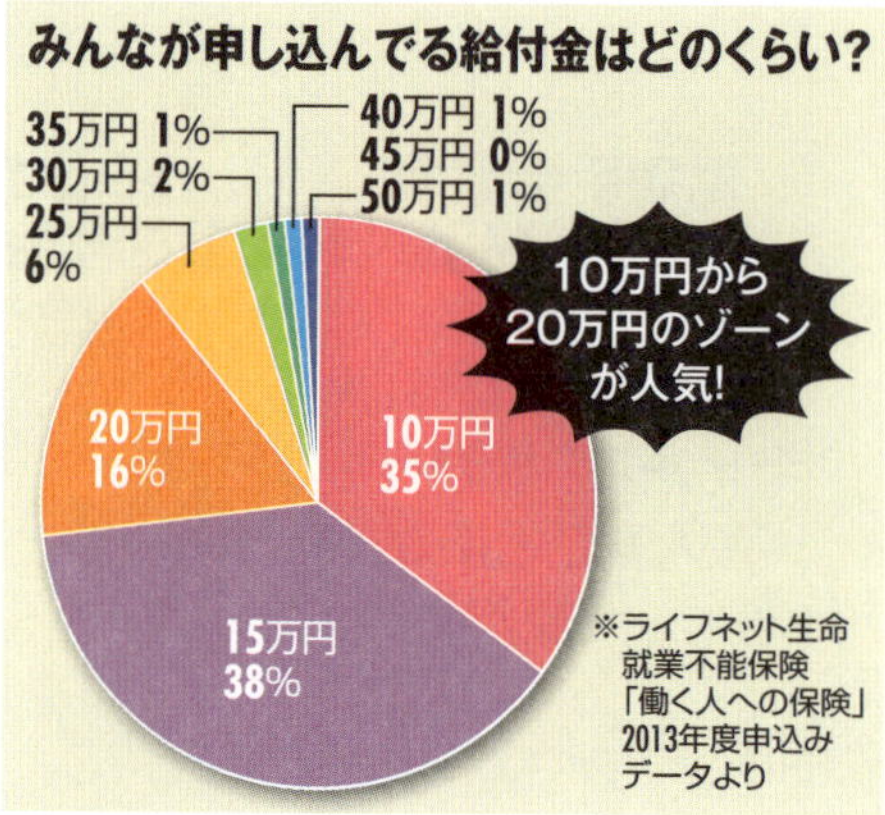

※ライフネット生命 就業不能保険「働く人への保険」2013年度申込みデータより

一家の大黒柱が長期間働けなくなると、家族による介護や治療費など出費はかさんでいく。それらを賄いつつ、家族が生活していけるだけの保障を確保することを考えると、自分の収入とのバランスを見ながら、月額15万円くらいを基本とするのがよさそうだ。

## 単身世帯であっても働いているなら要検討

ただし、ここで心に留めておくべきポイントがある。それは、就業不能給付金の月額に上限が設けられていることだ。条件は会社や商品によ

## 1カ月の出費はどのくらい?

**家計収支の状況**（2人以上の世帯のうち勤労者世帯）
平均1世帯あたり1カ月間の支出

| 費目 | 月額費用 |
|---|---|
| 食費 | 6万8088円 |
| 住居費 | 1万9365円 |
| 光熱費・水道費 | 2万 478円 |
| 家具・家事用品 | 1万 359円 |
| 被服及び履物 | 1万5461円 |
| 保健医療 | 1万2205円 |
| 交通・通信 | 5万 609円 |
| 教育費 | 1万3556円 |
| 教育娯楽 | 2万8794円 |
| その他の消費支出 | 6万2079円 |
| **合計** | **30万994円** |

収入がゼロだと
住宅ローンや教育費が
払えなくなっちゃう…
半分くらい
保険で賄えると
安心だけど…

※総務省「平成25年家計調査」より抜粋

**まとめ!**

- **所得と保険料に応じて妥当な保険額を計算する**
- **就業不能保険の保障は15万円が目安**
- **子どものいない夫婦や独身者も要検討!**

って異なるが、大概、元気に働いていた頃の実質的な収入を上回る給付金はもらえない。

では、この就業不能保険はどういった人が入っておくべきか？

まず思い浮かぶのは、マモルのように扶養家族を抱える世帯主だろう。

もっとも、子どものいない夫婦や独身の人も、自分が働いて得たお金で生活している以上、検討しておいたほうがいい。長期間働けなくなれば、間違いなく収入はダウンする。働く人は視野に入れておこう。

# 自営業者やフリーの人は保障が足りない？

ウチの会社は相変わらず業績がパッとしなくてボーナスも増えないよ・・・
ところでついこないだオレも保険に入ったんだけどアニキはいくらぐらいの保障を掛けてるの？
保険？入ってないよだってお金に困ってないし
えっ
だ、だって入院とかすることになったら金銭的にも大変だろ？
大丈夫！銀行口座にキャッシュがたっぷり入ってるから！
そんな・・・あっ電話
ピロロロン♪
ああ、ソナエか
うん今アニキのとこに顔出してるところ
うんもちろん晩飯はウチで食べるよ
キャッキャッ
おータモツそこいるの？

パパの声
聞こえるかー
もうすぐ
帰るから
なー
ダダー
バタバタ
ガン!!
あっ
ダーーッ!
モクモク
うわっ
!?
どした
フーネット!
まさか
スマホから
出てくるとは
わっ　えっ?
えっ?
何これ
えっ?
モクモクモク
オレの
保険の先生
あなたのような
自営業者や
組織に
属さない
自由業の
人たちは
サラリーマン
などと比べて
保障が不足
しているの
デス
甘く見ていては
いけまセーン!
ポカーン

TO BE CONTINUED...

# 住宅ローンを抱えている人は今すぐチェックしまショウ！

## 収入が途絶えてしまっても、住宅ローンの返済は続く

就業不能保険はすべての働き手のためにあると前述したが、その中でも特に、家計において住宅費の占めるウェイトが高くなっている世帯は考えてほしい。長期間、収入がなくなってしまうと、住む場所まで失いかねないからだ。家賃の高い賃貸住宅に住んでいる世帯のみならず、住宅ローンを抱える人も大いに注意したい。

まずは、ローンを組んだ際に加入した「団体信用生命保険」の契約内容を確認してみよう。一般的に同保険は、死亡時や高度障害時の保障は備わっているが、長期入院や在宅療養は対象外となっているケースが圧倒的だ。つまり、病気やケガで働けなくなっても、ローンは払い続けなければならない。

がんや脳卒中などを含む3大疾病から8大疾病までを保障する住宅ローンなども出てきてはいるものの、条件が厳しかったり、ケガは含まれないし、病気の種類も限定されていたりする。これから住宅ローンを検討している人も、保障の幅が広い就業不能保険と比較して、コストパフォーマンスのいい商品を選ぶようにしたい。

## 精神障害など、給付の適用外となるケースも！

がんの再発など、入退院を繰り返して〝足かけ〟の就業不能期間が何年にも及ぶケースはけっして珍しくない。現在、せっせと住宅ローンを返済している世帯の多くは、そういったリスクに対して、実は無防備なのだ。もちろん、十分に穴埋めできる貯蓄があるなら話は別。だが、住宅ローンを組んでいるくらいだから、毎月の返済だけで手一杯で、潤沢な

## 住宅ローンの保険と比べてみると…

住宅ローン

| | ＋ 団体信用生命保険 | ＋ ○大疾病付き団体信用生命保険 | ＋ 団体信用生命保険 ＋ 就業不能保険（ライフネット生命） |
|---|---|---|---|
| 死亡または高度障害時の保障 | あり | あり | あり |
| 働けなくなった時の保障 | なし | 疾病を限定して保障。3大疾病の場合、「がん」「脳卒中」「急性心筋梗塞」 | 3大疾病より広い範囲で、保障する。ケガによる就業不能状態も保障範囲 |
| 加入は？ | | ローン契約時にしか加入できない | いつでも加入可能 |
| 保険料は？ | | 借入額の0.3％程度 | 月額15万円程度の給付金で、月3000円程度※ |
| 上限は？ | | 借入ローン金額まで | 1億円 |

※30歳男性の場合

貯蓄があるという家庭は多くはないだろう。

　意外と今までは言われてこなかったが、住宅ローンを組んでマイホームを購入する際には、「働きたくても働けなくなるリスク」を念頭に置くべきなのだ。

　なお、ライフネット生命の就業不能保険の場合、うつ病などの精神障害や、むち打ちや腰痛のように医学的所見においてシロクロつけづらい症状で就業不能となった場合は、給付の対象外となるので注意したい。

**まとめ!**

- **住居費のウェイトが高い世帯は要注意!**
- **団信加入者は、契約内容をチェック**
- **給付の対象外となる症状もある**

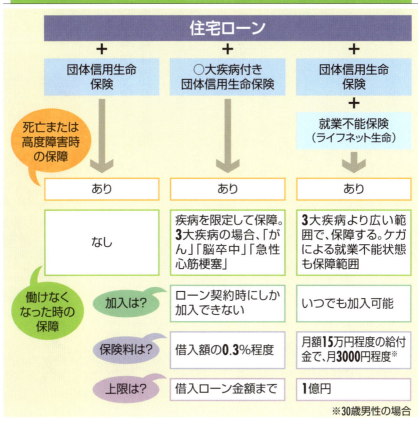

# 自営業の人こそ考えるべき保険デス

## 公的保障がそろっていない自営業者は自分で準備！

　安定収入である反面、どれだけ忙しくても給料がさほど変わらないサラリーマンとは違って、自営業者は仕事をこなせばこなすほど収入も増える。かなりの高額所得者ともなれば、「2年や3年程度の療養なら、余裕で乗り切れる！」と胸を張るかもしれない。だが、油断は禁物だ。

　第2章でも指摘したように、サラリーマンや公務員などと比べて自営業者に対する公的保障は大きく見劣りする。病気やケガで仕事に就けなくなったら、健康保険ではカバーしきれない医療費はもちろん、生活費も自力で捻出しなければならない。

　そればかりか、老後の公的年金に関しても圧倒的に不利だ。サラリーマンや公務員は厚生年金や共済年金にも加入しているが、自営業者は国民年金オンリーだから、任意加入の国民年金基金などで自分なりに補強する必要がある。

　どれほど収入が多くても、こうした自助努力をすべて貯蓄だけで賄っていくのは、そうカンタンなことではなさそうだ。就業不能保険を使ったリスクヘッジを検討しておこう。

## 非正規雇用の人たちも保障不足に備えよう

　また、逆に収入が安定しない人も、だからこそ保険を活用して備えを厚くしておいたほうがいい。

　派遣社員、契約社員など、非正規雇用の形態で働く人は増えているが、「31日以上の雇用見込み」があれば雇用保険の加入対象となったとはいえ、まだまだ全般的に公的保障が乏しい。低コストの保険を上手に活用し、最低限の備えを確保しておきたいものだ。

　ちなみに、就業不能保険は病気や

## 働けなくなったときの収入は？

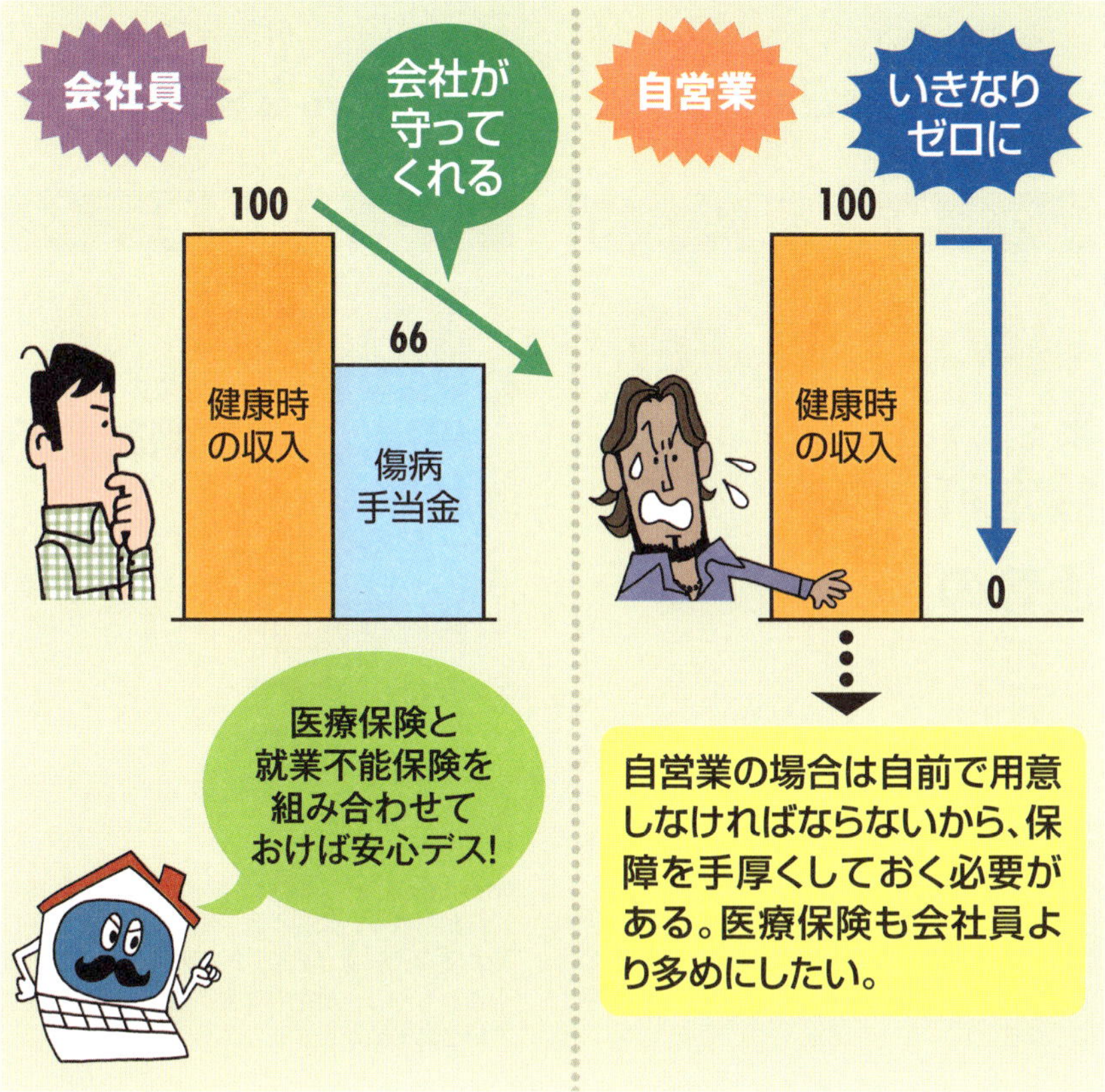


ケガにより仕事ができなくなった時の保障であるため、実際に稼いでいない、または収入の少ない人は加入できないのが一般的。フリーター、パート、アルバイト、資産生活者などは加入できないケースが多いので、注意しよう。

保険会社によって、保障の範囲や給付要件にも違いがある。保険料も異なるので単純に比較することは難しい。じっくり内容を吟味して選ぶようにしたい。

**まとめ！**

- 自営業者は公的保障が薄い
- 就業不能保険を上手に活用しながらリスクに備えよう
- 自分で稼いでいない人は加入できない可能性大

ライフネット生命

# 就業不能保険「働く人への保険」

## いくら保障されるの？

**保険金額**

**10万~50万円**
**まで、5万円単位で**
**設定可能**

**通算の支払限度額**
**1億円**

ポイント！

年収の額によって上限はあるが、年収450万円で上限月額は25万円程度。大体の目安は手取り相当金額となる。5万円単位で調整できるのがうれしい。ちなみに就業不能給付金は非課税となる。

## どんな保険？

**保障内容**

**●就業不能給付金**

➔ 被保険者が**傷害**または**疾病**により**長期間就業不能状態**になったとき一定額の給付金が支払われる

**●保障範囲**

➔ 最長65歳まで毎月支払われる

ポイント！

就業不能状態が180日を超えて継続した場合に支払われる。公的年金（老齢基礎年金）が受け取れるようになる65歳まで保障が続くので安心だ。しかし、所定の就業不能状態から回復した場合は支給が止まる。

## 働けない状態が続く限り通算1億円まで給付

ライフネット生命の就業不能保険「働く人への保険」は、通算支払限度額が通算1億円と高額なことと、公的年金（老齢基礎年金）が受け取れるようになる65歳まで保険期間が続くのが特徴だ。

この保険は、所定の就業不能状態に陥ると、契約時に設定した金額の給付金が毎月支払われる。給付金額は、年収額によって上限はあるが、5万円単位で設定が可能だ。大体の目安は手取り相当額となる。

就業不能状態となってから最初の180日間は支払いの対象外となるが、その状態が続く限り、通算で1億円に達するまで給付金の支払いは継続する。

# ネット生保の商品チェック！［就業不能保障編］

## 保険料はどのくらい？

### 保険料

**保険料は加入時のまま**

月額保険料の例

（保険期間65歳満了・
就業不能給付金月額15万円の場合）

| | 30歳 | 40歳 | 50歳 |
|---|---|---|---|
| 男性の場合 | 2,794円 | 3,652円 | 4,402円 |
| 女性の場合 | 2,833円 | 2,945円 | 2,998円 |

（2015年1月時点）

※この保険には解約返戻金や、満期保険金・配当は含まれない。

**ポイント！**

保険期間中に転職したり、職業や職種が変わったとしても保険料は変わらない。

## いくつまで契約できるの？

### 契約年齢と保険期間

契約できるのは **20歳**以上～**60歳**以下

保険期間は **65歳**満了

収入がない人は契約できないよ

**ポイント！**

65歳までの保障なので、契約年齢は60歳以下と設定されている。安定した勤労所得がないと加入できない。主婦、学生、フリーター、アルバイト、パート、年金生活者などは対象外。

一方で、所定の就業不能状態から回復した場合は、その時点で支給はストップする。だが、再発などでまた就業不能となった場合、65歳までなら何度でも給付が復活する仕組みだ。入退院を繰り返すケースも少なくないだけに、ありがたい配慮と言えるだろう。

契約できるのは20歳以上60歳以下で、安定した勤労所得があることが条件だ。

また、この保険は非常に柔軟で、契約時とは職業や職種が変わってもOK。そして、65歳まで保険料もずっと変わらない。

こういう時こそ保険が効くんだろうね

もっと知りたい

# 素朴なギモン&落とし穴

## 就業不能保険編

※ライフネット生命の保険商品で解説

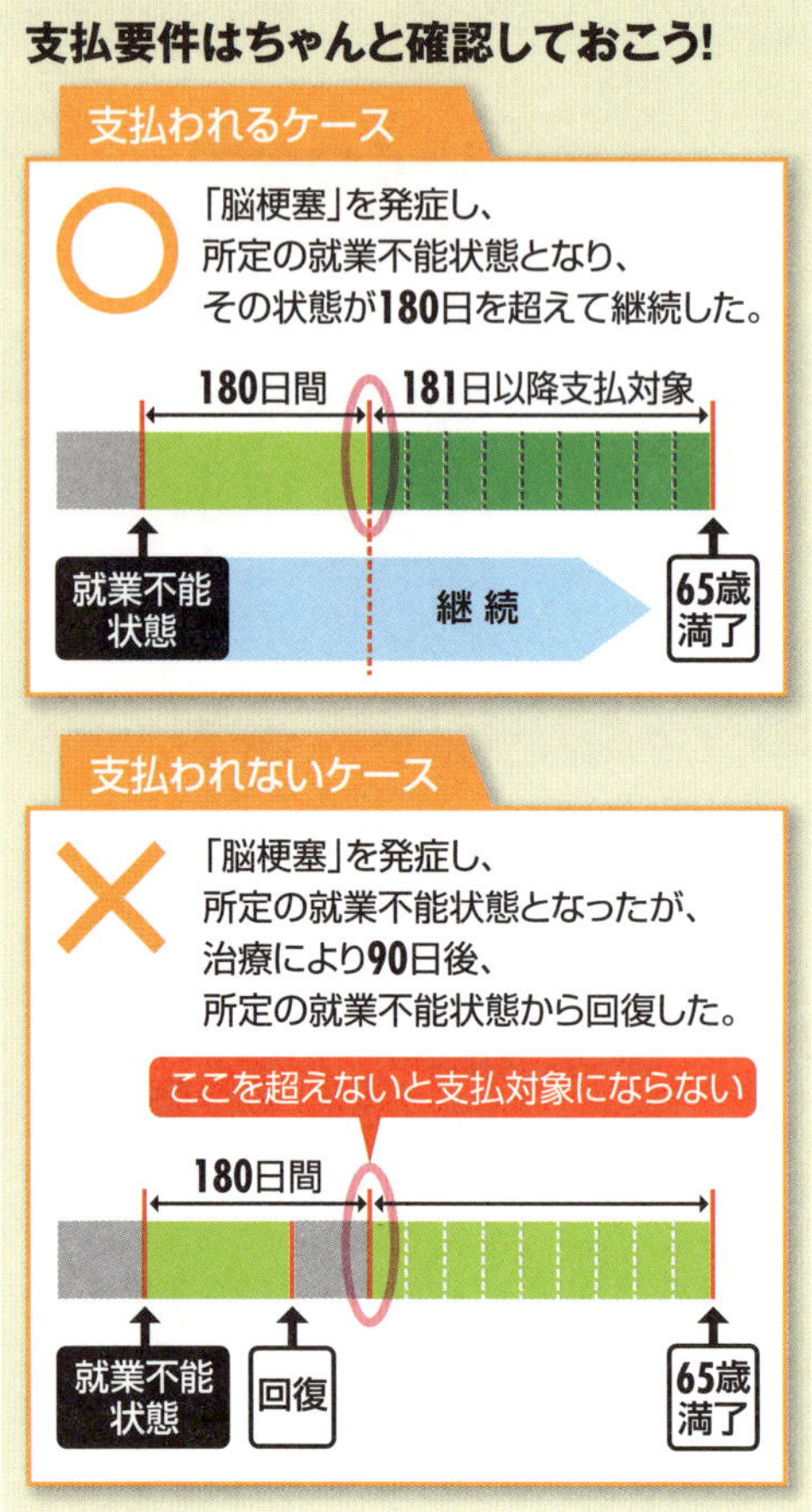

支払要件はちゃんと確認しておこう!
支払われるケース
○
「脳梗塞」を発症し、
所定の就業不能状態となり、
その状態が180日を超えて継続した。
180日間
181日以降支払対象
就業不能状態
継続
65歳満了
支払われないケース
×
「脳梗塞」を発症し、
所定の就業不能状態となったが、
治療により90日後、
所定の就業不能状態から回復した。
ここを超えないと支払対象にならない
180日間
就業不能状態
回復
65歳満了

## 180日過ぎないと保険金は出ないの?

### 長く働けないことが給付の前提条件に!

ここではライフネット生命の「就業不能保険」を例に解説していこう。

この保険は、長期にわたって働けなくなった人をサポートする保険だ。まず、①治療を目的とした入院、②もしくは日本の医師資格を持つ人の指示に基づいて在宅療養を行なっていることが大前提となっている。

そのうえで、「少なくとも6カ月以上、いかなる職業にも就業が不可能」と医学的見地から判断されており、そういった状態が180日超に達していることが給付金の支払条件となっている。

たとえば、脳梗塞で倒れて退院後も1年近くにわたって医師の診断により自宅療養を余儀なくされた場合はOKだが、90日後に職場復帰を果たせばNGだ。

条件を満たしていれば、給付金は毎月支払われる。傷病手当金(医療保険)を受給していたとしても、前述の就業不能状態に該当していれば給付金をもらえる。

## 発症の原因&タイミングによって給付金が出ないケースも！

### カギは就業不能に陥った原因が「いつ」なのか？

医師の診断により、いかなる職業にも就業できない状態が180日超に達していても、この保険の保障が有効となる前に発症した病気が直接の原因だった場合には、残念ながら給付金は支払われない。たとえば、脳梗塞で何年も寝たきりになったものの、保険に入る1年前から治療を受けていた高血圧症がその直接の原因であったら、給付の条件を満たさない。

だが、かねてから体調が悪かったが検査では異常が見つからなかったことを告知した上で保険に加入。その直後に脳梗塞で倒れて180日超の就業不能に陥った場合は給付の対象となる。同じ病気でも原因とタイミングによって給付の対象となるか否かは異なる。

**発症のタイミングには要注意!**

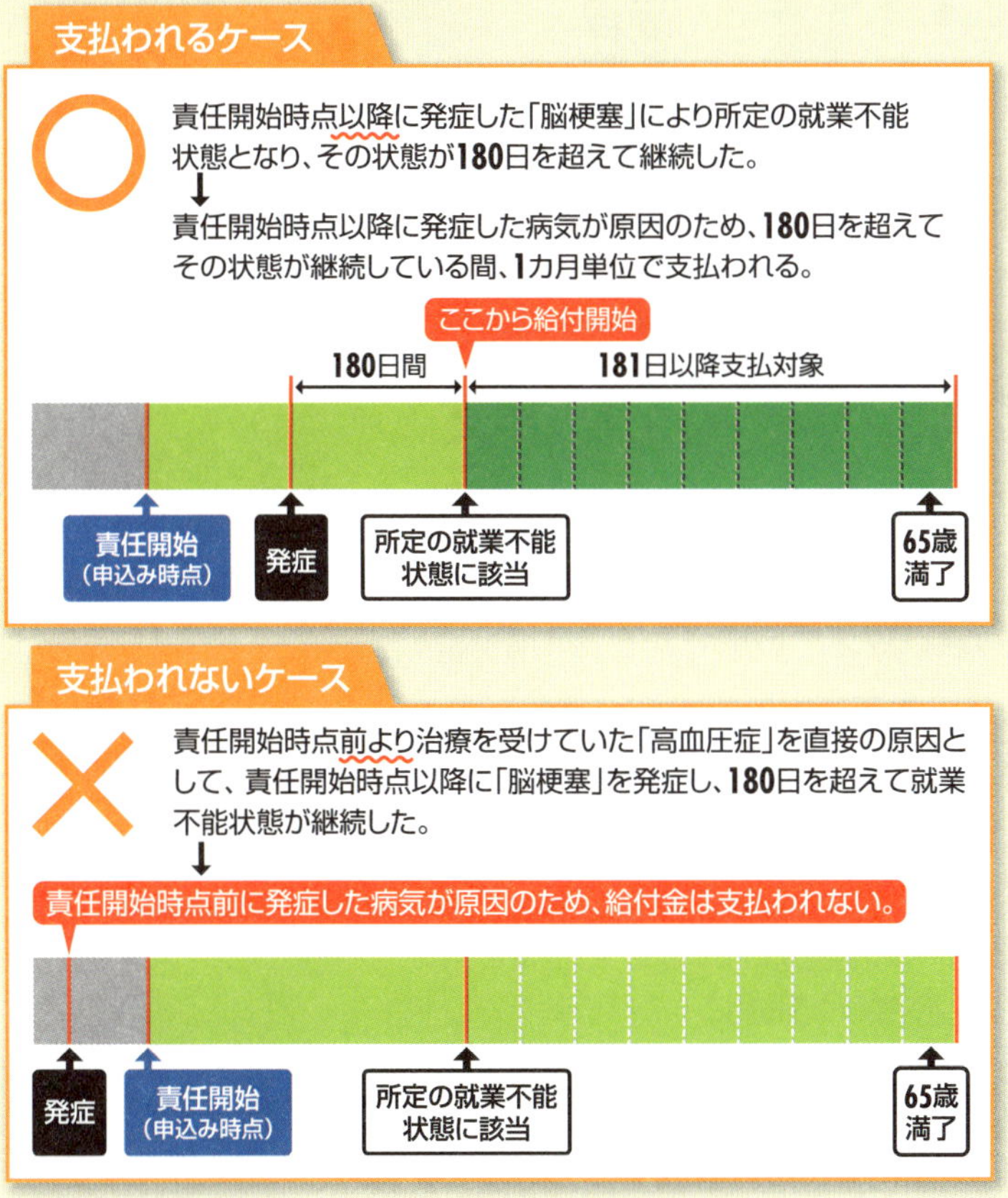

支払われるケース
責任開始時点以降に発症した「脳梗塞」により所定の就業不能状態となり、その状態が180日を超えて継続した。
責任開始時点以降に発症した病気が原因のため、180日を超えてその状態が継続している間、1カ月単位で支払われる。
ここから給付開始
180日間
181日以降支払対象
責任開始（申込み時点）
発症
所定の就業不能状態に該当
65歳満了
支払われないケース
責任開始時点前より治療を受けていた「高血圧症」を直接の原因として、責任開始時点以降に「脳梗塞」を発症し、180日を超えて就業不能状態が継続した。
責任開始時点前に発症した病気が原因のため、給付金は支払われない。
発症
責任開始（申込み時点）
所定の就業不能状態に該当
65歳満了

※上記はすべて、ライフネット生命の「就業不能保険」の場合

# パートやアルバイトでも加入できるの？

## 残念ながら、申込みは受け付けてもらえない

就業不能保険に加入できるのは、その時点において何らかの職業に就き、安定的な収入を得ている人だ。したがって、主婦（主夫）や学生、フリーター、アルバイト、パート、年金生活者、資産生活者、無職などに該当する人が申し込んだとしても受理されない。

また、定職に就いていたとしても、その年収が150万円以下である場合も申し込むことができない。休職中の場合は復職後、転職活動中の場合は新しい勤務先が決まった後に申し込もう。あくまで、働けなくなって安定収入が途絶えた場合に備える保険なのだ。

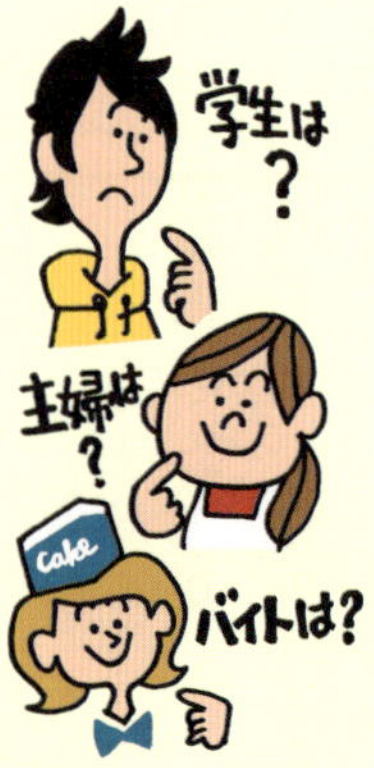


**育児休業中も申し込めない！**

出産を機に休職し、その後も保育園の空きが見つからなくて休業が長期化……というケースは都会ならありがちだろう。だが、そもそも就業不能状態の定義には当てはまらないうえ、休職者はこの保険を申し込めない。当然ながら、失業者も不可能だ。

# 給付金を受け取れない病気やケガがある

## 精神障害や医学的他覚所見がないとダメ

うつ病や統合失調症などといった精神障害が就業不能となっている原因である場合は、この保険の給付金を受け取ることはできない。

また、むちうち症や腰痛のような症状で、医学的他覚所見のない（医師が視診・触診や画像診断などに基づいて症状を裏づけられない）場合も不可となっている。

**給付金の対象外のケースは？**

- うつ病、統合失調症などの精神障害が原因の場合
- むち打ち症や腰痛などで、医学的他覚所見が見られない場合
- 故意、重大な過失による場合
- 泥酔状態中に生じた事故による場合
- 薬物依存を原因とする場合 など

※上記はすべて、ライフネット生命の「就業不能保険」の場合

# 給付金の受け取りを家族にできる？

## 受け取り可能なのは契約者本人のみ！

就業不能保険の給付金を受け取ることができるのは、契約者本人だけに限定されている。したがって、その妻や子、両親といった家族を受取人とすることは認められていない。もともと、この保険を契約した家庭の家計は、契約者の懐に入ってきた所得によって支えられていたはずだ。それが給付金に代わったとしても、家計に充てられることに変わりはないだろう。

もしも、契約者本人が就業不能給付金を自分自身で請求できない状態にある場合は、あらかじめ契約時に指定してあった代理人（指定代理請求人）が手続きを行なうことになる。そのうえで本人の指図に基づき、給付金によって家計を支えればいい。

# 給付金を受け取っている間も保険料を払うの？

## 保険期間満了まで一定の保険料を払い続ける

結論から言えば、就業不能給付金を受け取っている間も保険料は支払い続けることになる。

とはいえ、就業不能状態に陥る前は、契約者本人が働いて稼いだ収入の一部を保険料に充てていたはず。就業不能給付金はそれまでの収入の代わりであり、資金的な流れに実質的な変化はないと言えるだろう。

なお、ライフネット生命の場合は、就業不能保険の保険期間が満了するのは満65歳の誕生日を迎える月の末日なので、保険料はそれまで払い続けることになる。

保険料は加入時から保険期間満了まで一定だ。

**給付は65歳までだが…**

この保険は、180日超の就業不能に陥るたびに、通算で１億円に達するまで何度でも給付金が支払われるが、保障は65歳で満了する。とはいえ、その後は公的年金（老齢基礎年金）の受給がスタートするので、もともと働かなくとも生計が成り立つはず。つまり、一生涯のサポートが備わっていることに！

※上記はすべて、ライフネット生命の「就業不能保険」の場合

# 高度障害状態と就業不能状態の違いとは？

## 似て非なるもので「永久」がキーワード

就業不能の場合は、「少なくとも6カ月以上、いかなる職業にも就けない」などと医学的見地から判断されるもの の、いずれは復帰できる可能性もある。これに対し、高度障害状態とはリカバリーの見込みがない。具体的には、両眼の視力を永久に失ったり、言語またはそしゃくの機能を永久に失ったり、身体の一部を永久に失ったり、終身介護を要する状態に陥ったりするケースだ。

高度障害状態となって回復の見込みがない場合は、生命保険から死亡保険金と同額の高度障害保険金が支払われ、以降の保険料払込みが免除される。ただし、これを受け取ると保険契約は消滅し、その後に死亡しても死亡保険金は支払われない。

**高度障害状態と就業不能状態の違いは？**

| 例 | 高度障害状態 | 就業不能状態 |
|---|---|---|
| 肺結核の治療で半年以上入院し、就業不能状態になった | × | ○ |
| スノーボードで骨折し腰髄を損傷。両足が不完全マヒの状態で1年間就業不能状態が継続した。 | × | ○ |
| 若年性アルツハイマー病。行動障害も見られるようになり仕事を続けられず、在宅療養をすることになった。 | × | ○ |
| 両眼の視力を全く永久に失った | ○ | △ 職業訓練などを経て就業している場合には該当しない |
| 両耳の聴力を全く永久に失った | ○ | △ 職業訓練などを経て就業している場合には該当しない |

※ライフネット生命「定期死亡保険」と「就業不能保険」を比較

第5章

保障アップでコストダウンもできるかも!

# 保険の見直しをしてみよう

保険に詳しいはずのカケスギ先輩だったが、マモルの
保険料の安さにびっくり、慌てて見直しを始めることに

# カケスギ先輩が見直しに挑戦！

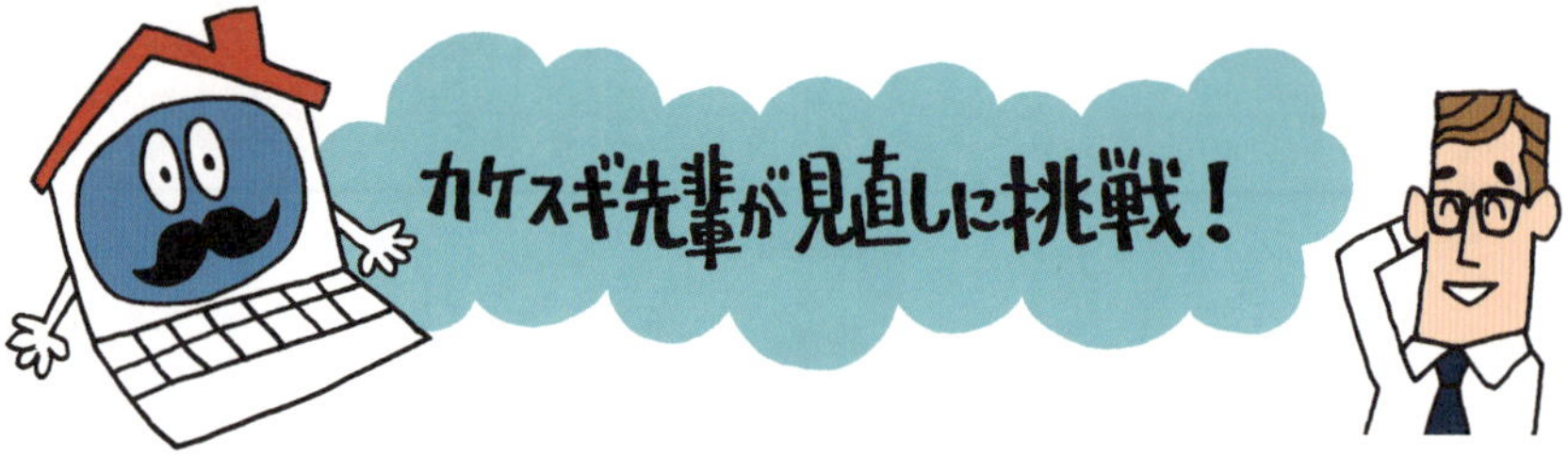

え————っ
そんなのボクの保険では
出ないよ————！
AAAAAHHH!
それで
8000円台って
ありえないよ
猪野知くん!!

—— その夜 ——

それにしても
猪野知くんの
保険は
どうなってるん
だろ？
ボクもちゃんと
調べたはずだったんだけど…
保険とは
タモツー！
パパと
一緒に
お風呂
入ろうか
ダー！
ポイッ
ピュー
バチッ
バチッ
プツン
あれ
？

パッ
わっ
カケスギさーん さぁワタクシと一緒に保険を見直してみまショウ
いっいったい何者だい君は？
まずカケスギさんの死亡保険ですが夫婦お2人の共働きでお子さんもいないのにここまで高額の保険金が必要でしょうか？
人の話聞いてないな…
たとえばこれをこの金額まで減らしてみますと…
ホレ
えーっ一気にそんなに保険料が下がっちゃうの？
さらに満期保険金が受け取れるタイプのようですが
確かカケスギさんは他にもあれこれ貯蓄をなさっていますデスよね？
うん、奥さんがしっかり者だからいろいろ貯めてもらってるけど
では保険にまで貯蓄性を求める必要はないかもしれませんね

そこで保障だけに目的を絞ったものに切り換えると……
げげーっ さらにそこまで保険料が下がっちゃうの？
もちろんムダな部分は削っていくべきですが足りない部分はちゃんと補強する必要もありマスね
そもそもカケスギさんはどういったことが心配で保険に入ろうと思ったのデスか？
それはボクにもしもの事があった場合に家族が困らないために・・・
あ、あと病気やケガになったら金銭的にも心配だし・・・
フム 病気やケガに対する備えは今の保険だとちょっと手薄ですね
そこで終身保障タイプのこちらをセットすると・・・
カタカタ
エーッ
保障をプラスしてもその程度の保険料に収まるの？
だったらもう決めた！今から見直そうねぇ手を貸してよ！
すでに保険に入っている読者の中にも保障の中身を見直したほうがいい人が少なくないかもデスね
さっそく次のページからカケスギさんとともに保険の見直しについて考えていきまショウ！
LET'S GO～

END

# どんな人が見直しをするといいの？

保険料を下げたい
マイホームを購入した
結婚、出産、独立&老後ライフイベントがあった
転職した

## 加入時と環境に変化があった人は要チェック！

ズバリ、すでに入っている保険を見直したほうがベターなのはどういった人なのか？ まず、毎月、保険料の支払いに四苦八苦している人は、ムダに保険を掛けすぎていないかどうか、すぐにでもチェックしてみたほうがいい。加入当時は大丈夫でも、その後にマイホームを購入して住宅ローンを組み、支出が膨らんで苦しくなってきた人もいるはずだ。

対照的に、もっと保障を厚くしたほうがいいケースもある。特に結婚

## 保険見直しの手順

**STEP 1**
### 保険の目的を明確にする
保険でカバーできるのは主に「死亡」と「医療」の２つ。
優先順位が高いのはどちらかを考えてみる。

▼

**STEP 2**
### 保障額と保険期間を把握する
万一の死亡や入院には「いくら」お金があればやっていけるか、
「いつまで」もらえば大丈夫かを確認する。

▼

**STEP 3**
### 加入中の保険をチェックする
「保険証券」を見る。加入中の保険の受取人は誰か、
保険金額や保険期間はどうなっているのかなどを調べる。

▼

**STEP 4**
### 他の保険と比較する
保険会社、保険の種類によっても保険料は異なる。
同じ保障内容でも保険料が安い会社があるかも。

▼

**STEP 5**
### 保険の見直しを実行する
保険会社に連絡して手続きする。いったん解約すると契約の復活は
できないので、新しい契約が成立してから古い保険の解約を。

したり子どもが生まれたりして家族が増えた場合、今のままで十分かどうか検討してみたい。逆に定年を迎える頃には、すでに子どもが独立していたりするので、死亡保険金額は減らしたほうが家計にはプラスだ。

さらに、転職して収入がかなり増減したケースなど、加入した頃と比べて生活に大きな変化が生じている人も他人事ではないだろう。とにかく、加入時とは前提条件が違ってくれば、それに応じて保障を見直したほうがいい場合が多い。

保険は仕組みが複雑でわかりづらいだけに、内容を理解しないまま、オススメされるがままに入ったという人も少なくないだろう。上の手順に従って加入の目的などを再確認したうえで、必要に応じて見直しを図っていこう。

# 保険証券で加入中の保障内容を確認しマス

## 5つのポイントについて改めて確認しておこう!

保障内容を見直す際には、すでに加入している保険の契約内容を再確認しておく作業が不可欠だ。保管していた保険証券を取り出して、まずはそこに記載されている事項を隅々までチェックしよう。開いた途端、専門用語だらけでユーウツな気分になってしまうかもしれないが、きちんと契約内容を把握しておかなければ、適切な見直しを図るのは難しい。最低限、上記の5つのポイントについてはしっかりと確認しておこう。

### 5つのポイントでチェックしよう!

**ポイント1 誰に掛けた保険?お金を受け取るのは誰?**

ココを見れば保険契約の人間関係がわかる。契約者は保険料を払う人、被保険者はその保険の対象になる人、受取人は保険金を受け取る人。結婚したら、受取人の変更を忘れずに。

**ポイント2 どんな時にいくら受け取れるか?**

主契約と特約の内容をチェックしよう。特約はオプションだが、ここでは死亡したとき、入院・手術や通院のときなどの保障内容が書かれている。

**ポイント3 いつまで保障されるか**

いつまで=保険期間のこと。主契約は終身なので死ぬまで保障、特約は60歳までとなっているので、60歳になったら保険が切れ、更新するかしないかの2択となる。

**ポイント4 保険料の負担はどの程度か**

❷と❸の保障を得るためにどのくらいのコストがかかっているかがわかる。ここでは月額1万5555円。保障内容に問題はなくとも、もっと安い保険があるかもしれないので、いろいろ比較してみよう。

**ポイント5 解約したらいくら戻ってくるか**

途中で解約したときに戻るお金はあらかじめ決まっている。終身保険など貯蓄性のある保険を解約する場合は、この金額と払込保険料の総額を比較してタイミングを計ろう。

**保険証券をチェックしてみよう**

〈イメージ〉

保険証券番号
AB-1234567

## ○×生命 生命保険証券

（5年ごと利差配当付定期保険特約付普通終身保険）

証券作成地・作成日
○○本店
20××年(平成××年)9月1日

❶

| 保険契約者 | | ご印鑑 | 被保険者 | | ご印鑑 |
|---|---|---|---|---|---|
| | 財《ザイ》　一郎《イチロウ》　様<br>19××年 5月 1日生　男性 | 財 | | 財《ザイ》　一郎《イチロウ》　様<br>19××年 5月 1日生　男性 | 財 |

| 死亡保険金受取人 | 受取割合 | （指定代理請求人） |
|---|---|---|
| 財《ザイ》　和子《カズコ》　様 | 100% | 財《ザイ》　和子《カズコ》　様 |

❷ ❸

| ＜主契約＞ | 契約日(保険期間の始期) | 主契約の保険期間 | 主契約の保険料払込期間 | 被保険者年齢 | 社員配当金支払い方法 |
|---|---|---|---|---|---|
| 死亡・高度障害保険金 400万円 | 20××年9月1日（平成××年） | 終 身 | 60歳払込満了（20××年8月31日満了） | 35歳 | 積立配当方式 |

＜特　約＞

| 名　称 | 保険期間 | 保険金額・基本日額 |
|---|---|---|
| ・定期保険特約 | 60歳まで | 1500万円 |
| ・特定疾病終身特約 | 終身 | 100万円 |
| ・重度疾病保障特約 | 60歳まで | 100万円 |
| ・傷害特約 | 60歳まで | 500万円 |
| ・災害入院特約 | 60歳まで | 日額5,000円 |
| ・手術給付金付疾病入院特約 | 60歳まで | 日額5,000円 |
| ・長期入院特約 | 60歳まで | 日額5,000円 |
| ・通院特約 | 60歳まで | 日額3,000円 |

❹

＜保険料＞

| | |
|---|---|
| 毎回振込金額 | 15,555円 |
| ・主契約保険料 | 7,064円 |
| ・特約保険料 | 8,491円 |
| ・定期取崩保険料 | 0円 |
| ＜保険料払込回数＞ | 年12回 |
| ＜転換価格＞ | 301,155円 |

＜運用予定利率＞

| | |
|---|---|
| ・契約時 | 2.50% |
| ・最低保障予定利率 | 1.50% |

解約返戻金表

❺

| 経過年数 | 返戻金額 | 経過年数 | 返戻金額 |
|---|---|---|---|
| 1年 | 261,600円 | 10年 | 1,257,800円 |
| 2年 | 354,600円 | 15年 | 1,798,500円 |
| 3年 | 449,900円 | 20年 | 2,339,900円 |
| 4年 | 560,300円 | 30年 | 3,113,000円 |
| 5年 | 668,700円 | 40年 | 3,730,900円 |

＜返戻金表について＞

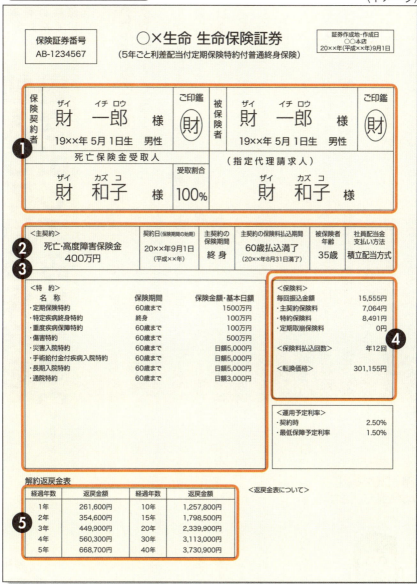

# 加入している保険を書き出してみまショウ！

## リスト化することでムダも見えてくる！

死亡保険に医療保険、さらには養老保険に個人年金保険など、保険商品にはさまざまな種類がある。あれこれ心配で、複数の保険に入っている人も少なくないことだろう。単身者なら、自分自身がどういったものに加入し、どのような保障を備えているのかを比較的把握しやすいはず。だが、家族がいる場合はそれぞれが加入している保険について、改めてリストアップしてみたほうがいい。

実際にリスト化し、どんな場合に誰に対していくらの保険金や給付金が出て、その保障がいつまで続くのかを整理してみよう。実際に書き出してみると、今まで気づかなかった保障の重複などが見つかる可能性もある。あるいは、ムダな保障ではなかったとしても、保険料負担の割に受け取れる金額がさほど多くなく、コストパフォーマンスがよろしくないというパターンもありがちだ。

掛け捨てではなく、満期保険金や無事だった場合の「健康祝い金」、老後を迎えてから個人年金などが支払われるタイプの場合、保険料が割高なことも多い。そういったものは必ず保険会社に問い合わせて、現時点で中途解約した場合に返してもらえる金額（解約返戻金）がいくらなのかを調べておこう。

こうしてリストをもとに整理してみると、おのずと改善すべきポイントが浮き彫りになってくるものだ。ここまでたどり着けば、残るは、「どうやって見直すか？」という方法に沿って導き出すだけだ。

書き出してみると
ムダが見えてくるね

## 家族全員の保障を把握しよう!

| 誰の? | いつまで | どんな時にいくら? | | 保険料 | 解約返戻金 |
|---|---|---|---|---|---|
| | | 死亡保障 | 入院・医療保障 | | |
| 記入例 夫 | 終身 | 300万円 | | 7000円 | 10年で 50万4000円 |
| 記入例 夫 | 10年 | 40歳まで 3000万円 | 40歳まで 日額5000円 (日帰りから) | 8500円 | なし |
| | | | | | |
| | | | | | |
| | | | | | |
| | | | | | |
| | | | | | |
| | | | | | |

# 見直しの方法には3つありマス

## 保障を上乗せするか、あるいは減らすか？

大きく分けて、保険の見直しについては3つの方法が考えられる。そのうちの1つは、「保障を増やす」というパターン。加入済みの保険をリストアップした結果、「保障が足りない！」とあせった人は、この方法を選ぼう。また、家族が増えたり、「脱サラ→自営業」で公的保障が心細くなったりした人も同様だ。

特約がついている保険の場合は、さらに定期保険特約を上乗せすることが可能。特約のついていない保険

子どもが生まれた／転職して自営業に／保障が足りない

### 1 保障を増やしたい！

ライフスタイルの変化などで保障が足りなくなることも。最適な保障になるよう、追加を考えよう。

**追加契約**

今の保険にプラスして新しい保険に入る

加入中の保険 ＋ 新しい保険

足りない分を補うものをチョイス！

どちらも告知または診査が必要なのね

**特約の中途付加**

今の保険に特約をつける

特約
特約
追加！
加入中の保険（主契約）

つけられる保険は…
●万一の備えを多くする
●病気やケガに備える
●介護に備える など

保険料を減らしたい／子どもが独立した／マイホームを買った

## 2 保障を減らしたい!

加入した時点から見直しもせず入りっぱなしにしておくと、ムダな保険料を払い続けていることになっているかも。

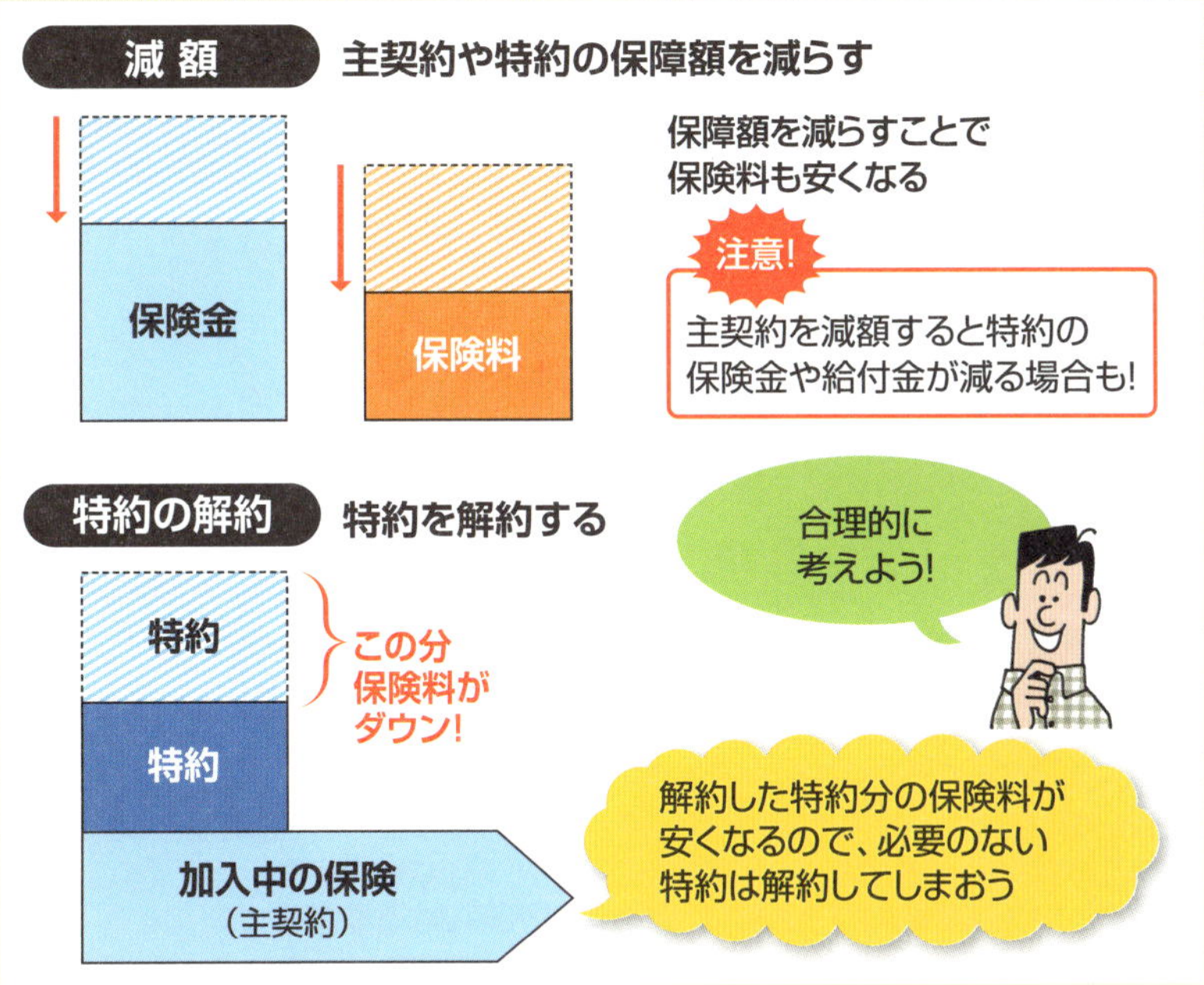
減額
主契約や特約の保障額を減らす
保険金
保険料
保障額を減らすことで
保険料も安くなる
注意!
主契約を減額すると特約の
保険金や給付金が減る場合も!
特約の解約
特約を解約する
特約
この分
保険料が
ダウン!
特約
加入中の保険
（主契約）
合理的に
考えよう!
解約した特約分の保険料が
安くなるので、必要のない
特約は解約してしまおう

ムダな保障を
減らすことで
保険料も
下げられるね

も、新たに定期保険特約を上乗せできる。ただし、どちらも増額分の保険料は追加時の年齢などで決まる。むしろ、新たに保険料が割安な掛け捨て保険を追加するほうが、コストパフォーマンスで勝るケースも多い。

そして2つ目の方法は、逆に保障を減らすというパターンだ。月々の負担がキツい人や、住宅ローンを組んだ人、子どもの独立などで保障を減らしても大丈夫な人がこの方法を選ぶことになる。保険を解約せずに、死亡保障3000万円を2000万円に減らしたり、あまり必要のない特約を解約したりしよう。

保険料を減らしたい／シンプルにしたい／見直しやすくしたい

## 3 リセットしたい！

今の保険を解約して、ゼロから見直す、という手段もある。でも必ず新しい契約が成立してから古い保険を解約すること！

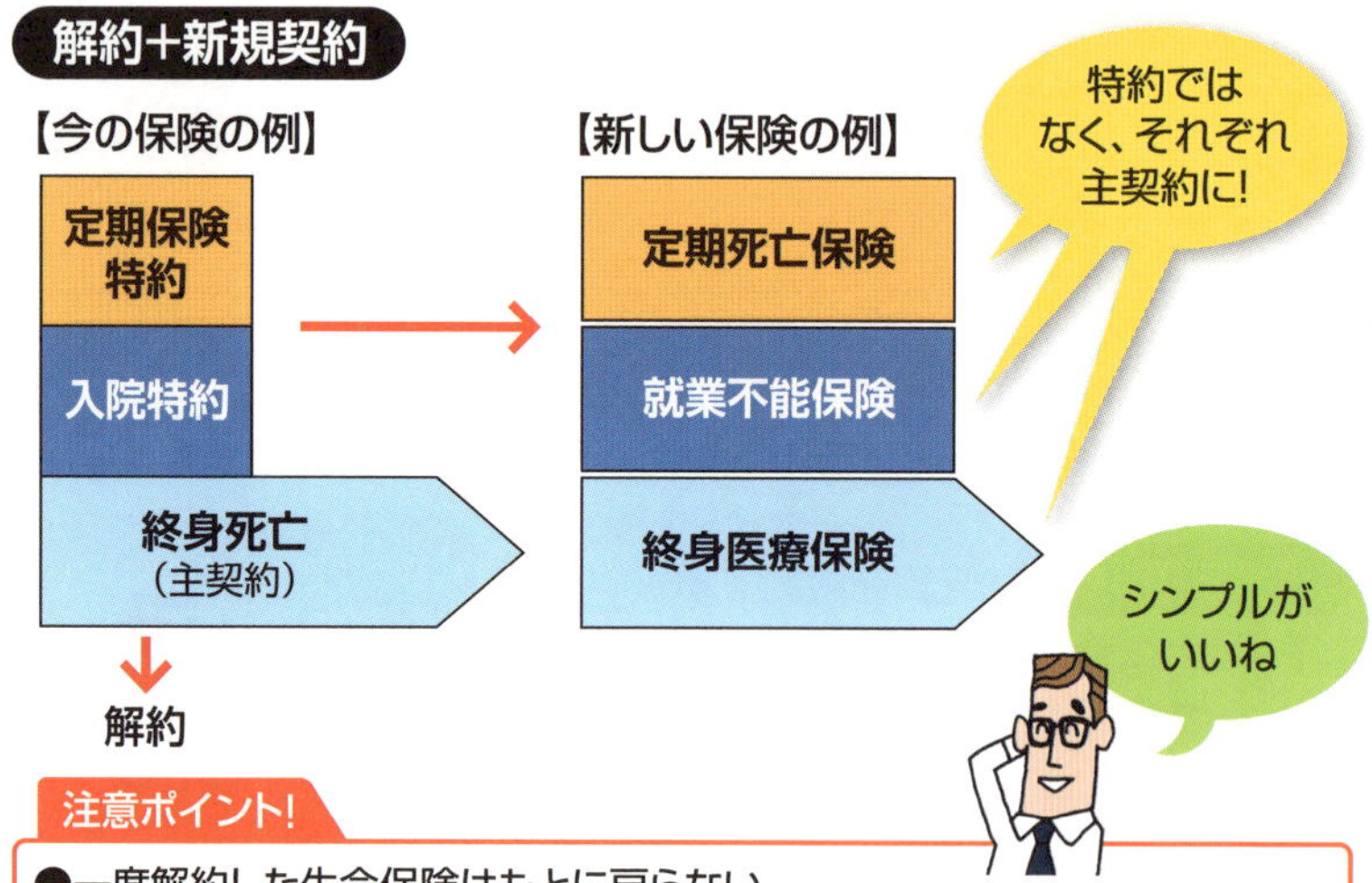


**注意ポイント！**

- 一度解約した生命保険はもとに戻らない
- 契約してから短期間で解約すると、戻ってくるお金はないか、あってもごくわずか
- 健康状態によっては、新しい保険の契約ができない場合も
- 新しい保険を契約するときに、保険料が割高になる場合も

## シンプルでわかりやすい保険に乗り換えるのも手

さて、最初に触れた「保険料負担を軽くしたい！」という人も該当するケースが３つ目だ。毎月の負担が重いのは、ムダに保険を掛けすぎている可能性も高い。しかも、そういった場合にありがちなのは、特約などをあれこれセットにして、自分でも中身がチンプンカンプンになっているというパターンだ。

これらに該当する人たちは、もっとわかりやすく、必要不可欠な保障だけに的を絞ったほうが賢明だろう。いつ頃から、どのようなタイプの保険に入ったのかで判断は異なってくるものの、解約して保険料が割安でシンプルな商品設計の保険に乗り換えるのが得策となる可能性もある。

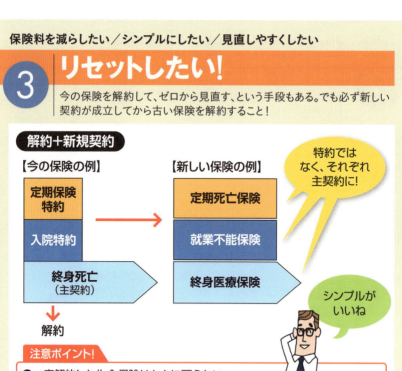

さらに、こんなテクニックも!

## 保険料が払えなくてもあきらめないで!

「負担がキツくて、もうこれ以上払い続けられないから解約を……」と考えているなら、ちょっと待ったー!

### 払済保険 に変更する

保険料の払い込みを中止して、解約返戻金で保険期間が同じ生命保険を買う

同じ保険期間で、保障額をダウンさせる

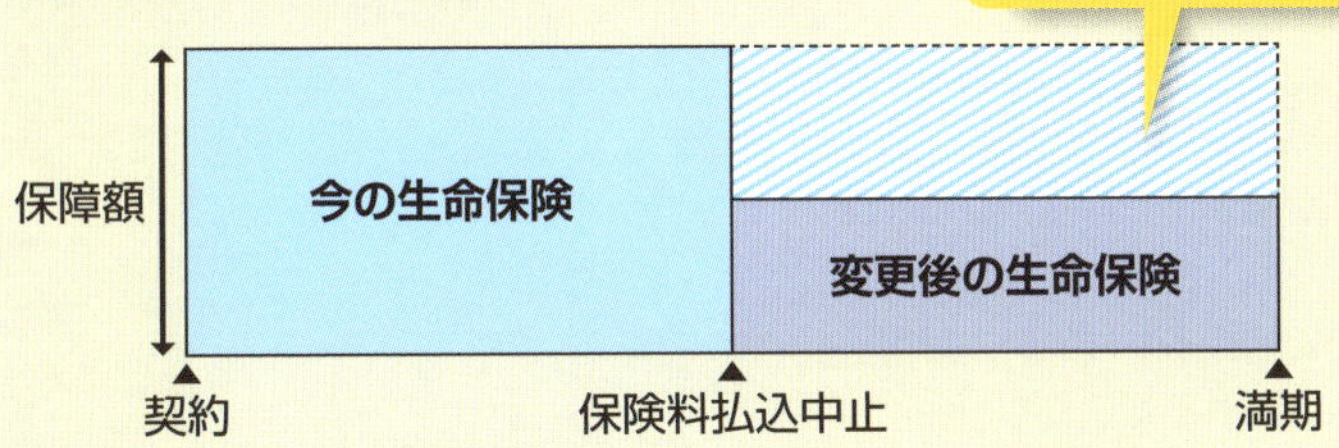


### 延長(定期)保険 に変更する

保険料の払い込みを中止して、解約返戻金で保険金額が同じ生命保険を買う

同じ保障額で、保険期間を短くする

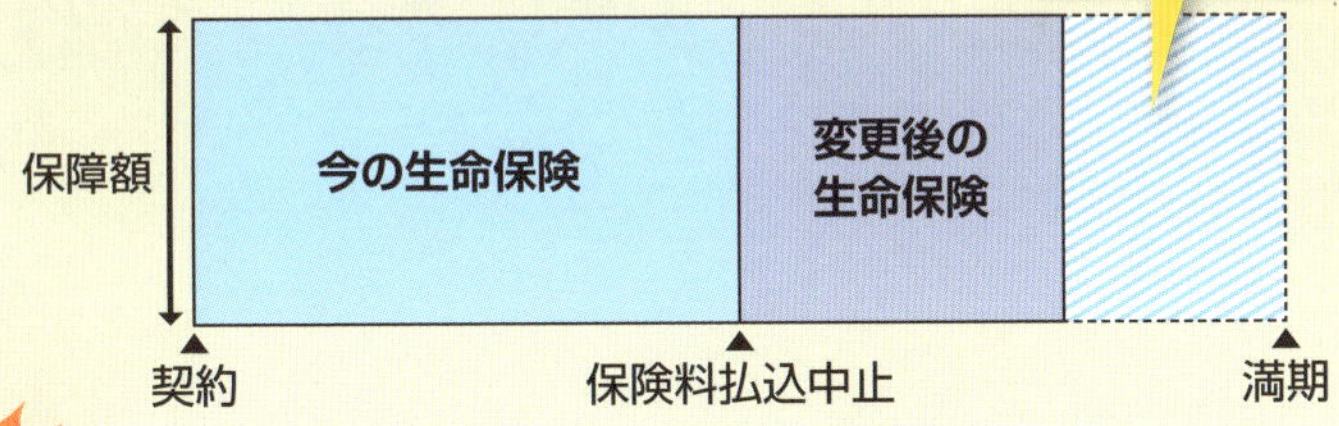


注意ポイント!

### ついていた特約が消滅する点には注意

とことん家計が苦しくなり、「もはや一銭も保険料に回せない!」という事態に陥っても、2つの救済策があるので解約を急ぐべからず。1つは、保険料の支払いを止めても保障期間は現状のままで、その分だけ死亡保険金の金額を減らす「払済」という措置だ。一方、逆に死亡保険金は変更せず、保険期間を短くするのが「延長」。なお、これらを行なうとその保険についていた特約は消滅する。ただし、一定期間内であればもとの保障に戻せることもある。

※詳しくは加入中の保険会社に問い合わせを!

# 保険はどこで買うのがオトク？

## 3つの販売チャネルのいずれを選ぶべきか…？

「やっぱり今の保険は解約して、新たに入り直したほうがよさそう！」

こんな結論にたどり着いたものの、そこから先に進めない人も少なくないかもしれない。「じゃあ、次はどこの保険に入るのが正解なの？」という難題に直面するからだ。

保険の乗り換えを考える人の大半は、保障内容と月々の保険料負担のいずれか、もしくは両方を見直したいと思っているはず。保険料はコストと認識し、同じ保障内容なら、安いほうを選ぶべき。そういったことを踏まえたうえで、販売チャネルを選択したほうがいい。

まず、すでに意中の保険会社がある人なら、対面でもネットでも迷わずそこへアプローチすればいい。

対面営業の場合、丁寧に説明してくれるので、保険のことがよくわからなくても安心だ。ただし、同じような保障内容でも、他社の保険料の

### 対面営業

**最もオーソドックス**

意中の保険会社があるなら、フリーダイヤルなどでコンタクトをとって、営業スタッフと面談すればいい。懇切丁寧に説明してくれるだろうし、いくつかのプランを提案してもらえる。ただし、保険料的にオトクか否かは別。

こんな人向き

- 保険会社が決まっている
- 全てお任せしたい
- 商品の説明を対面で聞きたい

オススメ!

## ネット生保

### 手軽に検討できる

営業スタッフがいない分、経費が抑えられて保険料が大手生保などよりも割安の場合が多い。ネットで申し込めるので、自分のペースで比較・検討が可能。不明点もコールセンターに問い合わせれば解決するはず！

**こんな人向き**

- **忙しい人**
- **保険料をできるだけ安くしたい**
- **自分で考え、選びたい人**

## 乗合代理店

### 複数社の情報がわかる

複数の保険会社の商品を取り扱っている販売代理店のこと。詳しく説明してもらえるし、似たような保障内容の商品を比較検討できるのがウレシイ。反面、いくつもの商品の説明を聞けば、それだけ面談時間も長くなりがちだ。

**こんな人向き**

- **時間の余裕がある**
- **商品の説明を対面で聞きたい**
- **比較をして選びたい**

ほうが割安な可能性もある。

その点、乗合代理店は特定の保険会社の販売代理店とは違って、複数の保険会社の商品を比較検討できる。ただ、その分だけ説明も長くなり、時間的に余裕がないと、なかなか相談の機会を確保しにくい。

保険料の安さでは、ネット生保に注目が集まっている。また、忙しくても、自分のペースで検討・加入できるのが魅力だ。本書で得た知識があれば十分。ネットで見積りをしてコスパのよさを体感しよう。

**まとめ!**

- **保険は大きく分けて、3つの窓口で買える**
- **それぞれの特徴を理解すること**
- **本書のオススメはネット生保**

もっと知りたい

# 素朴なギモン＆落とし穴

## 保険の見直し編

### 転換とは

いわば、現在加入している保険を下取りに出し、新しい保険の頭金にするもの

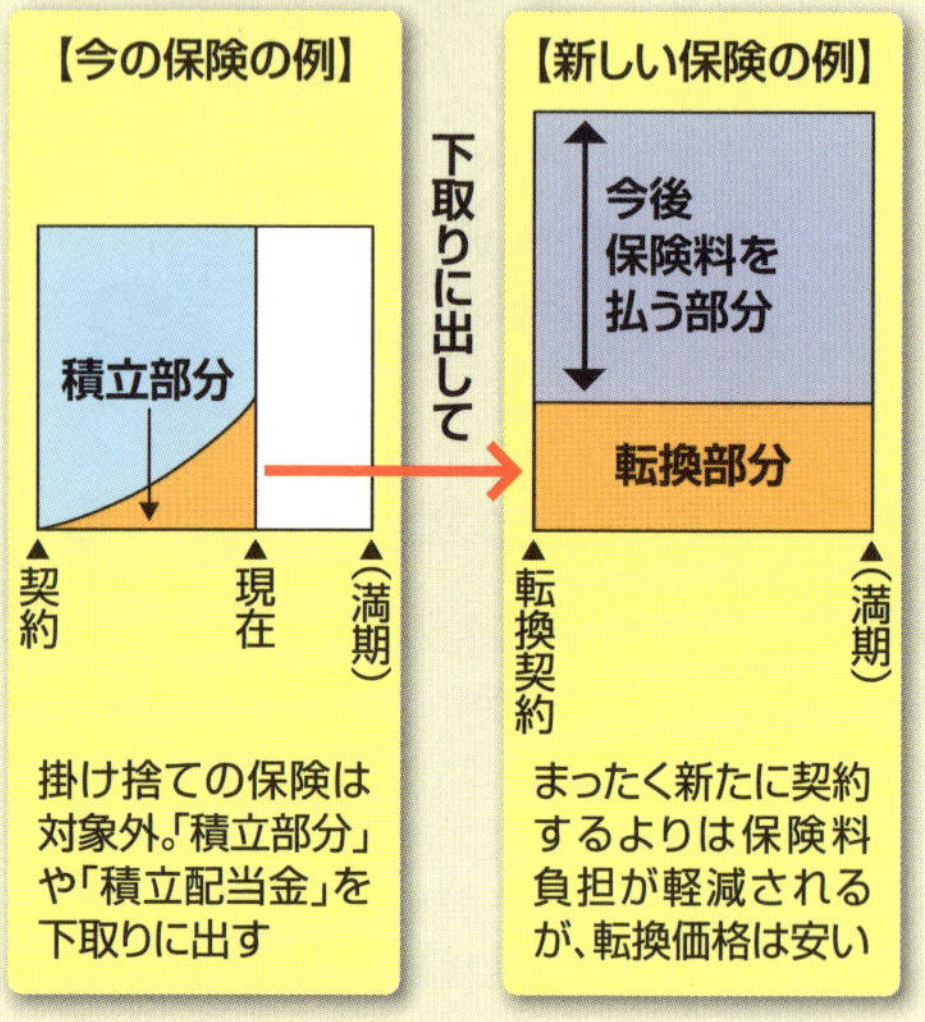


**注意ポイント！**

- 転換前と転換後で保障内容や積立部分が変わる
- 同じ生命保険会社でなければ利用できない
- 生命保険会社によって取扱い基準が異なる
- 保険料は転換するときの年齢や保険料率で計算されるので、上がる可能性が高い
- 告知または診査が必要

## 「転換」を勧められたけど…

### いわば保険の下取り 不利になる場合も！

ライフイベント発生で保障を増やしたいタイミングに、保険の営業職員から「転換」を勧められるケースが多い。

「転換」というのは、今の保険を下取りして、その下取り価格を新しい保険の頭金にするというもの。

終身保険や養老保険などは、加入してからある一定期間が過ぎて解約すると「解約返戻金」が支払われるので、それを頭金とするわけだ。そうすると、月々に払う保険料が安くなるので、よさそうに見えるのだが……。

転換する場合、最初に加入したときより年齢は上がっているので同じ保障を得るにも保険料は高くなってしまう。せっかく若いうちに入った安い保険料の権利をなくしてしまうことになるのだ。

加えて、予定利率が下がる可能性もあるのでデメリットも少なくない。もし、保障を増やしたいのなら、新しい保険をプラスするほうが賢い選択かもしれない。

# 生命保険にはどんなタイプがありますか？

## 定期保険には特殊な仕組みのものもある！

生命保険はいろいろな切り口から分類できるが、保険期間に焦点を当てれば、一生涯続く「終身型」と特定期間に限定した「定期型」に大別できる。そして、後者にはスタンダードな定期保険に加えて、「逓減定期保険」や「収入保障保険」といったタイプも存在している。これらは特殊な仕組み（左記参照）になっていることから、通常の定期保険よりも保険料が割安な設定になっているのが魅力だ。保険料負担を極力抑えたい人は、こうした保険を視野に入れるのも一考だろう。

［ オススメは… ］

### 定期保険

保障を一定の期間に限定している保険。満期が訪れても更新が可能だが、その際の年齢に応じて保険料が変更される。

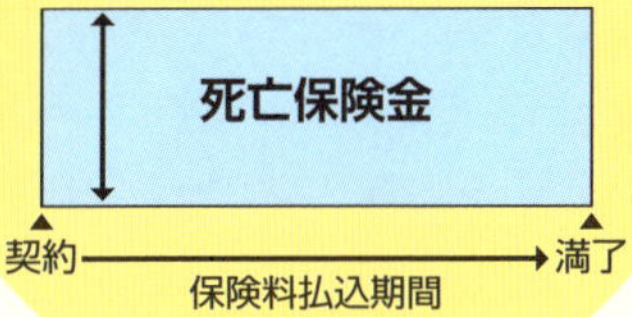


### 逓減定期保険

保険料は定額だが、時が経るにつれて保障（保険金額）が少なくなっていく定期保険。その分、保険料が割安に。

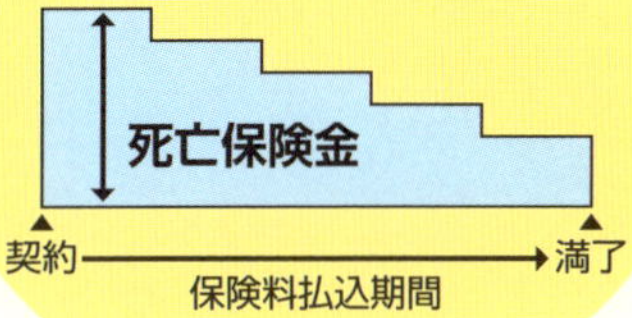


### 収入保障保険

死亡保険金を一括ではなく、分割で受け取る仕組みの定期保険。保険会社も負担がラクになるので、保険料が割安。

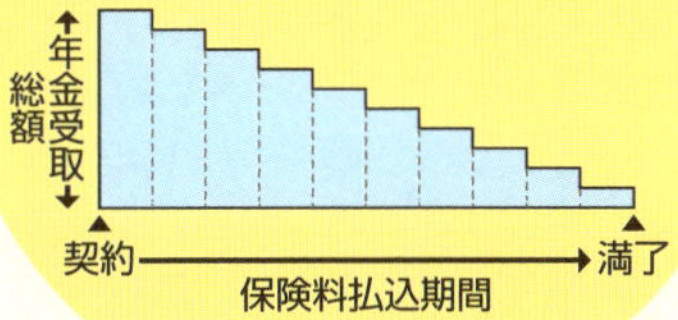


### お宝保険は大切に!

バブル崩壊以来、保険の予定利率は低下の一途をたどってきた。予定利率が低くなると、高かった頃と比べて保険料は割高に。逆から言えば、予定利率が高い時期に加入した保険は、保険料が割安で高利回りの“お宝”。「もっと保障を充実させましょう」と「転換」を勧められても「Ｎｏ」と答えるのが正解だろう。

# 生命保険の特約は必要ですか？

## 特約をつければつけるほど、おのずと保険料もアップ！

ファストフードやレストランなら、セットメニューがオトクであることが多い。だが、保険の場合はあれこれセットにしてしまうと、想像以上に負担が重くなり、コストパフォーマンス的によろしくないケースが発生しがち。

主契約とは別にオプションとしてセットにできる特約は、いわばオマケの保障。無償なら話は別だが、特約をつければ、保険料もおのずとアップする。

月々の負担が苦しいなら、特約の必要性も再検討すべきだ。保険によっては、主契約を残したまま、特約だけを解約できる場合もある。特約を外した場合の保険料がいくらになるのかは、保険会社に聞けば答えてくれるはず。

**主な特約一覧** でも、こんなに必要？

| 主に死亡を保障する | |
|---|---|
| 定期保険特約 | 死亡、高度障害のときに保険金が受け取れる |
| 収入保障特約 | 死亡・高度障害のときに年金として保険金を受け取れる |
| 災害割増特約 | 不慮の事故や所定の感染症による死亡・高度障害のときに保険金を受け取れる |
| 傷害特約 | 不慮の事故や所定の感染症による死亡のとき、不慮の事故で所定の身体障害状態になったときに保険金を受け取れる |
| ファミリー特約 | 家族が死亡・高度障害のときに保険金を受け取れる |

| 病気やケガ、介護を保障する | |
|---|---|
| 特定（3大）疾病保障特約 | がん・急性心筋梗塞・脳卒中で所定の状態のとき、また死亡・高度障害のいずれかのときに保険金が受け取れる |
| リビング・ニーズ特約 | 余命6カ月以内と判断されたときに死亡保険金の全部、または一部を受け取れる |
| 保険料払込免除特約 | 生命保険会社の定める所定の状態になったとき以降の保険料の払い込みが免除される |
| 疾病入院特約 | 病気で入院したときに入院給付金、病気やケガで所定の手術をしたときに手術給付金が受け取れる |
| がん入院特約 | がんで入院したときに入院給付金を受け取れる |
| 先進医療特約 | 厚生労働大臣が定める先進医療に該当する治療を受けたとき、治療の内容に応じて給付金を受け取れる |
| 通院特約 | 入院給付金の支払対象となる入院をして、退院後、その原因となった病気やケガの治療のための通院をしたときに通院給付金を受け取れる |
| 介護特約 | 寝たきりや認知症により介護が必要な状態になり、その状態が一定期間継続したときに一時金や年金を受け取れる |

第6章

こんなに簡単でいいの？

# ネットで10秒見積りにチャレンジ！

見積りは無料だし、性別と生年月日だけ入力すればいい。
自分の保険料がどのくらいか、さっそく調べてみよう！

マモルが挑戦

スマホで簡単！

# 保険料の見積り体験

フーネットに教わって保険の知識がインプットできたマモル。性別と生年月日だけでいいという、ライフネット生命の「カンタン10秒見積り」で保険料見積りをやってみることにした。

## わずかな入力作業でパパッと金額が判明！

保険の見積りという言葉を耳にしただけで、あれこれ細かな設定が必要で面倒そうだというイメージが拡がりがち。ところが、ライフネット生命の「保険料シミュレーション」は超簡単！　生年月日と性別を入力するだけで、瞬時に月額保険料が判明する。

もちろん、PCのみならずスマホでもアクセス可能。自分のニーズや予算に応じてマモルが保障額などを変更したら、またもや瞬く間に新たな保険料額が表示された。

1 ネットでアクセス

ライフネット生命 で検索

2 「見積り」ボタンをクリック

Click!

見積り シミュレーション　スマホで簡単見積り、お申し込みも可能！

3 生年月日と性別を入れるだけ

4 結果は3種類の保険で

月額保険料　9,653円

と表示された

細かく内容をチェックしてみよう！

# 1 定期死亡保険［かぞくへの保険］

**定期死亡保険**
かぞくへの保険
詳細 ＞

保険金額
3,000万円
保険期間
10年

月額保険料 **3,367** 円

**詳細＞ ボタンを押すと…**

**商品情報へ** 保険の概要や特徴が読める

特長

1 保険料は業界最安水準！（※）
しかも保障は500万円〜1億円まで

100万円単位で自由に保険金額を設定できて、手頃な保険料で手厚い保障が受けとれます。

保険の原点に戻り、配当や解約返戻金のないシンプルな保険商品にしました。

月額保険料の例：
保険金額:1,000万円
保険期間・保険料払込期間:10年

| 年齢 | 男性 | 女性 |
|---|---|---|
| 20歳 | 1,027円 | 641円 |
| 30歳 | 1,230円 | 896円 |
| 40歳 | 2,374円 | 1,547円 |

Q どうして手厚い保障なのに保険料が安いのですか？ ≫check

**？ ボタンを押すと…**

保険金額の決め方や基本的な考え方など、気になるポイントの解説が読める！

## 保険金額

500万円以上100万円単位で設定できる。上限は１億円。

×閉じる

Q.「保険金額」の決め方は？

ライフステージごとの目安金額で決めましょう

残された家族に必要となる保険金額は、あなたのライフステージによって変わります。ライフネット生命では、ライフステージごとの保険金額の目安をご案内しています。保険金額を決める参考にしてください。

| | |
|---|---|
| 独身の場合 | 保険金額の目安 1,000万円 |
| 専業主婦の場合 | 保険金額の目安 1,000万円 |
| ご夫婦の場合 | 保険金額の目安 1,500万円 |

**？ ライフステージごとの目安金額がわかる**

## 保険期間

10年、20年、30年、65歳まで、80歳までの５つから選べる。

×閉じる

Q.「保険期間」の決め方は？

死亡保険の保険期間は「10年」を基本にしましょう

家族構成や経済状況、住居の形態、お子さまの進学など、人生にはさまざまな変化がつきものです。人生の変化により適正な保障内容も変わってくるため、ライフイベントの発生は保険を見直すタイミングと言われています。10年も経てば何かしらの変化は起こっていることから、保険期間は「10年」を一つの目安としておすすめします。

10年ごとに見直した例

| 就職 | 結婚 | 出産 | 子どもの独立 |
|---|---|---|---|
| 500万円 | 1,000万円 | 3,000万円 | 1,000万円 |

**？ 保険期間は10年を基本に考えよう！**

※P.146〜149で紹介している保険には解約返戻金や満期保険金、配当は含まれない。保険料は、2015年1月時点。

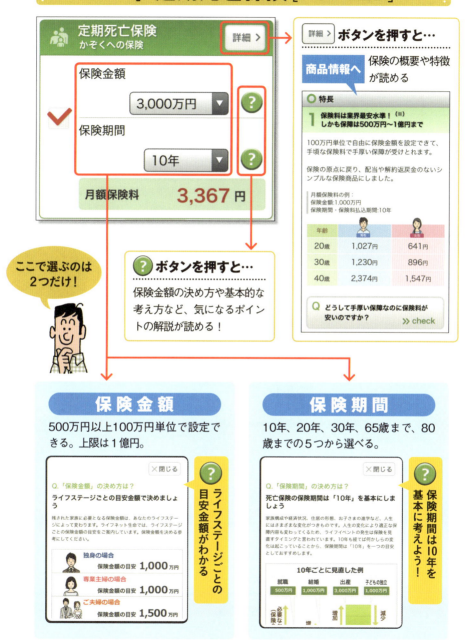

# 2 終身医療保険［新じぶんへの保険］

**詳細 > ボタンを押すと…**

**商品情報へ** 終身の意味や、対象となる手術などを説明

ここで選ぶのは3つだけ！

## 選択コース

がんや先進医療をカバーする手厚い保障の「おすすめコース」と、保険料を抑えたコンパクトな「エコノミーコース」がある。

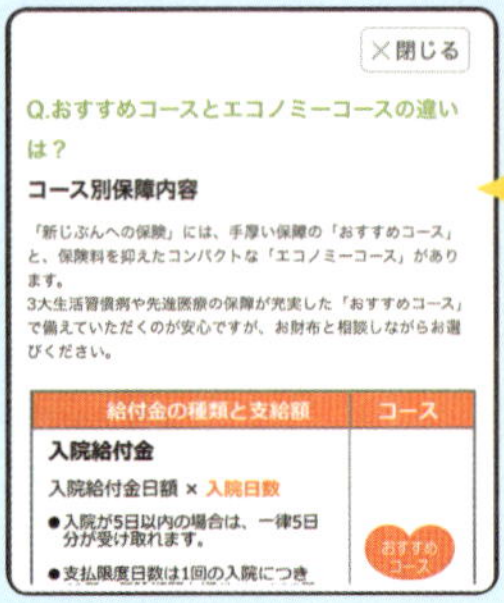


余裕があれば「おすすめコース」を選びたい

## 入院給付金日額

5,000円、8,000円、１万円、１万2,000円、１万5,000円の５種類から選べる。

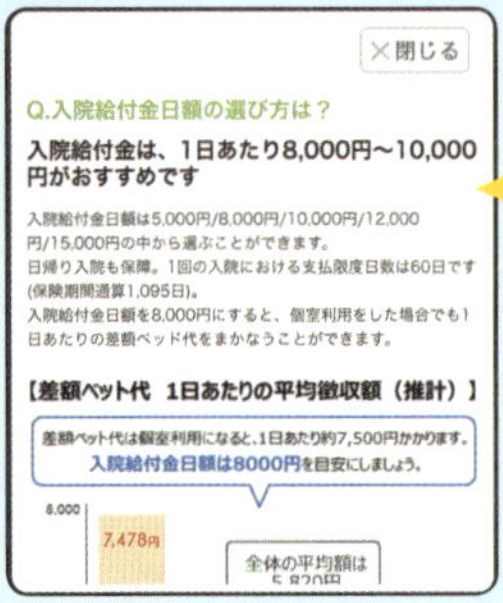


１日あたり８０００円から１万円がおすすめ

## 保険料払込期間

60歳まで、65歳まで、終身の３種類から選べる。

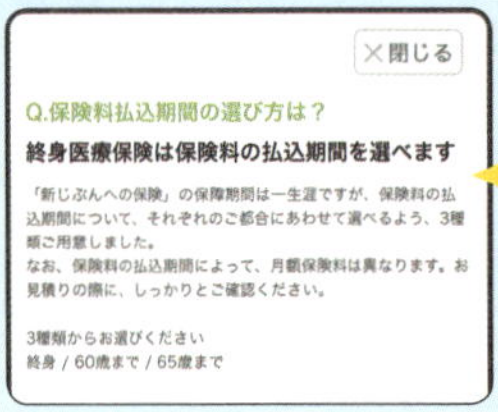


保障は一生涯続くが、早めに払込みを終える選択肢も！

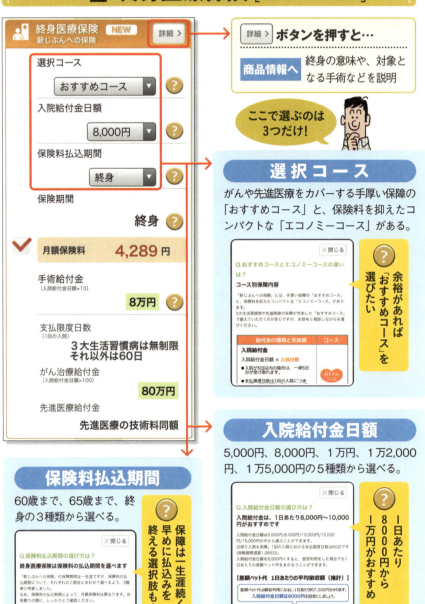

## 3 就業不能保険［働く人への保険］

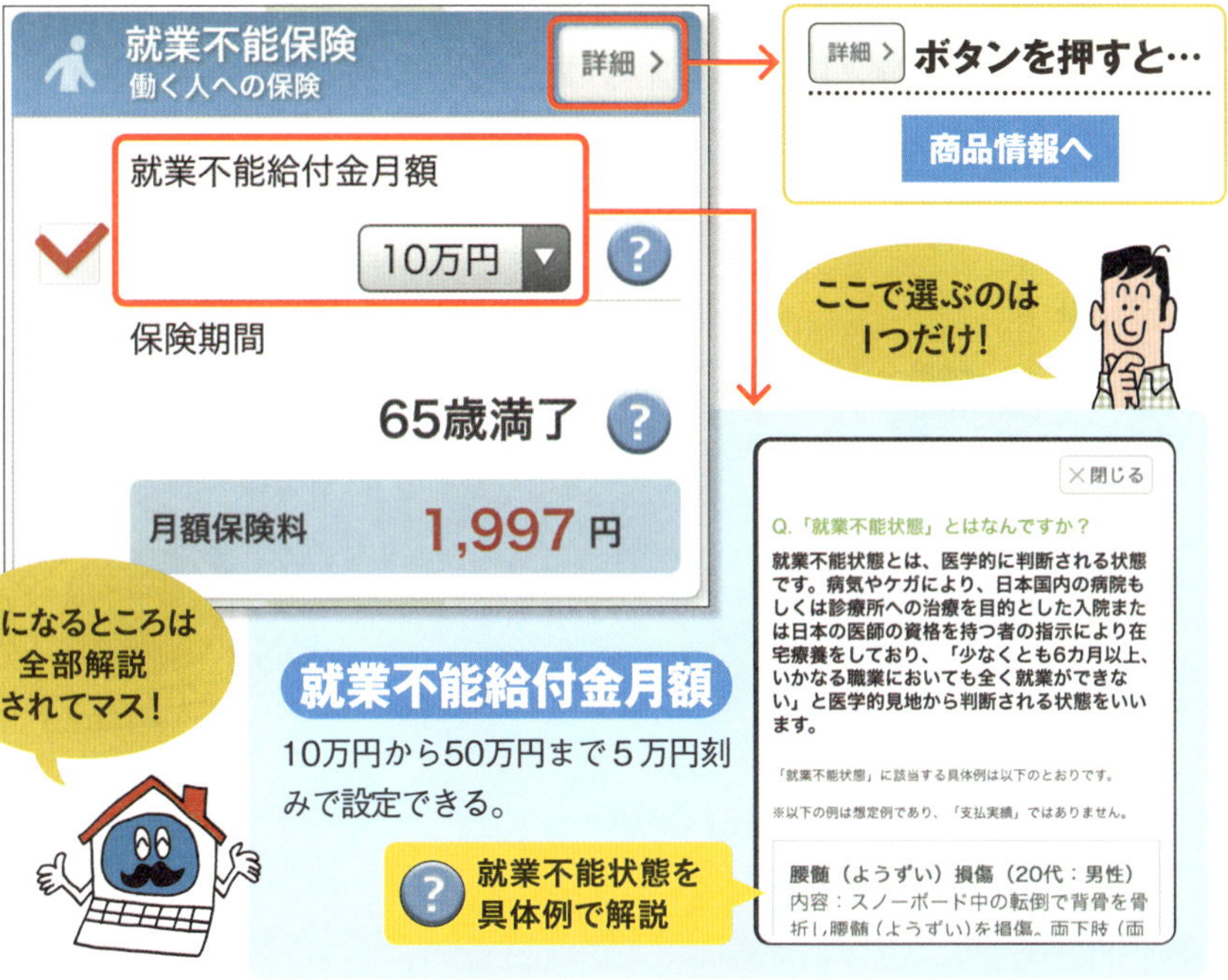


### 見積りが終わったら

すぐに申込みもできるが、もう少し考えたいなぁという人のために、複数の選択肢が用意されている。プロに相談するもよし、自分でもっと調べてもよし。次のステップに進んでみよう。

#### 納得したらそのまま申込み

保障内容と保険料に納得したら、そのまま申込みに進もう。大体10〜30分程度で申込みは完了する。詳しい方法は次ページを参照のこと。

#### もう少し考えたいならデータを保存

保険金額など自分用に調整したものを保存しておける。次回アクセスしたときに、呼び出せるので、再度見積りをする必要がない。

#### 電話やメールで相談したい

経験豊富な保険プランナーに、電話やメールを使って無料で相談ができる。平日は22時まで受け付けていて、仕事終わりでも相談可能だ。

#### じっくり検討したいなら資料請求

冊子を見てじっくり検討したい人は資料請求を。『あなたにぴったりの保障を組み合わせた「プラン設計書」』や、保険料一覧なども送付してくれる。

※P.146〜149で紹介している保険には解約返戻金や満期保険金、配当は含まれない。保険料は、2015年1月時点。

ネットで簡単！

# 申込みガイド

大体10日〜2週間程度で契約完了。申込みの流れを解説しよう！

## 1 保険プランの作成＆申込み

保険プランの作成
≫
IDや個人情報の登録
≫
契約内容の確認

給付金の種類やどんな時に払われるのかなどを改めてチェック！
≫
告知の入力
≫
受取人や支払情報の入力
≫
申込み内容の確認

送信！

### ネットだから即日申込

健康状態、職業、年収など。誤った告知をしてしまうと、保険金が払われなかったり契約が解除される場合もあるので、注意が必要だ。申込みは大体10〜30分程度で完了する。クレジットカードや口座情報を用意して、必ず本人が手続きをすること！

途中で時間に余裕がなくなってしまったら、入力した情報を一時保存しておくことも可能。

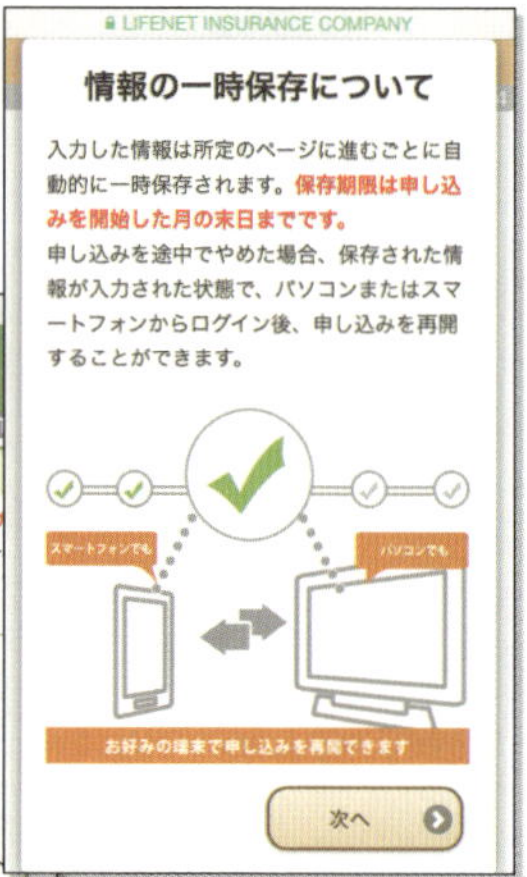


## ネット上の入力で申込み自体は完結！

見積りの結果、その内容で保険に加入しようと決めたら、いよいよプランの作成と申込みのステージに移る。とはいえ、ここでの作業もさほど難しくない。まずは、加入者本人

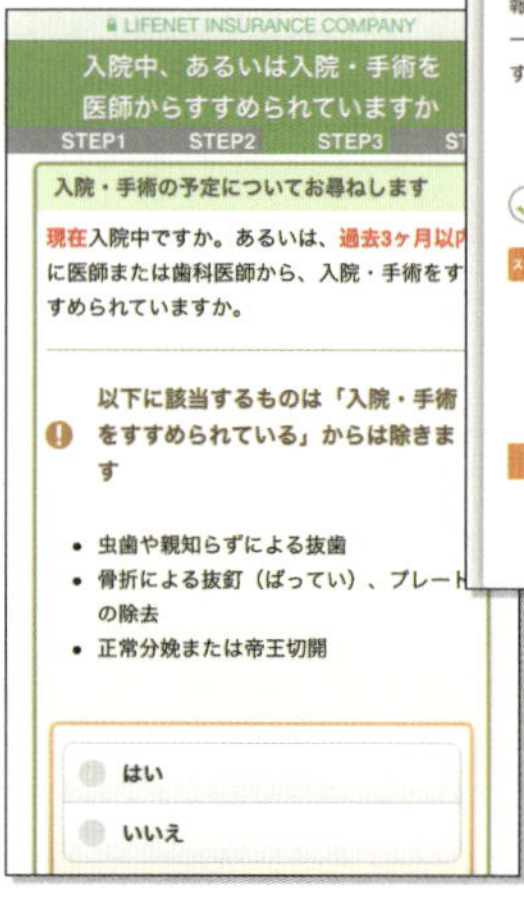


「告知」では、健康状態に関する質問にも、偽ることなくきちんと正確に回答していこう。

## 2 査定

**約1週間**

ライフネット生命で、保険を引き受けられるかどうか査定を行なう。

## 3 必要書類の送付

**数日**

本人確認書類や契約に関する同意書などを期間内に返送。※基本的に健康診断書は不要だが、告知内容によっては必要になる場合も。

## 4 契約成立

**完了!**

メールで契約成立の連絡が来て、保険証券が郵便で届く。申込み時点にさかのぼって保障開始となる。

の個人情報を入力し、ＩＤを登録。そのうえで、「告知」というプロセスに進んでいく。

　ここでは、自分自身の健康状態や職業、年収などを入力。マモルのように日頃から薄給を嘆いていたとしても、見栄を張って年収を偽ってはダメ。虚偽の告知を行なうと、保険金の支払対象とならなかったり、保険契約自体が解除されたりする可能性がある。

　申し込んだ後は、保険会社側の査定を待つのみ。加入ＯＫなら必要書類が届き、それを返送すれば、「契約成立」のメールが届く。

自分の好きな時間に申し込めるのがいいね

# 保険プラン

ライフステージによって、どんな保障が必要か、保険金はどのくらいかなど条件が異なる。6つのステージに分けて解説しよう

入院や手術に備えよう

## 独身

**基本的な考え方**

- ☑ 病気やケガでの入院・手術に備えて医療保障をメインにする
- ☑ 若いうちに入ったほうが保険料が安く済む
- ☑ 死亡保障は親に迷惑をかけない程度の準備を

### 貯蓄も乏しいなら医療保障を最優先で！

単身者で扶養している家族がなければ、自分に万一のことがあっても、家族が途方に暮れる恐れはない。だから、独身の場合の死亡保障は葬式代などの出費面で、親に迷惑をかけない程度の金額を確保しておくのがキホンだ。

そのうえで重視すべきは、病気やケガで入院・手術に至った場合への保障。つまり、医療保険を最優先で考えるのが定石なのだ。特に若い人は、蓄えもまだ十分ではないというケースが多いだろう。

きちんと医療保障を備えておかないと、病気やケガでツライ思いをするうえに、予想外の出費で金銭的にも苦しむことに。それに、若いうちに入ったほうが保険料も安くなるので早めに検討しよう。

**条件** 本人（会社員・25歳・年収400万円）

| | 主な保障内容 | 保険料 男性 | 保険料 女性 | 一言コメント |
|---|---|---|---|---|
| 死亡保障（10年定期） △ | 500万円 | 650円 | 490円 | 扶養家族がいないなら、死亡保障は極力少なくしても大丈夫だろう。 |
| 医療保障（終身） ○ | 日額8,000円 がん治療給付金80万円/回 | 3,501円 | 3,671円 | 貯蓄が乏しい人ほど、予算の範囲内で医療保障は厚くしておきたい。 |
| 就業不能保険（65歳まで） ― | 月額10万円 | （参考 1,717円） | （参考 1,908円） | 年齢の割に高収入で予算的にも余裕があれば、こちらの保障も検討。 |
| 合計 | | 4,151円 | 4,161円 | |

※P.152〜157で掲載している保険料は、ライフネット生命「かぞくへの保険」「新じぶんへの保険/おすすめコース」「働く人への保険」を基に計算。保険料は2015年1月時点。

保険は夫婦それぞれで考える

## 夫婦のみ

基本的な考え方

- 病気やケガでの入院・手術に備えて医療保障をメインにする
- お互いに収入があれば、死亡保障は最低限でいい
- 収入が多ければ就業不能保障も検討を

### 各自の医療保障の充実を第1に考えて！

共働きでどちらもパートナーの収入に依存しておらず、養っている子どもや親も特にいない――。こうした典型的なDINKSの場合、死亡保障は最低限で十分だ。人生のパートナーを失うことは心に大きな痛手となるものの、金銭的なダメージは限定的だろう。

独身のケースと同じく、最優先すべきは医療保障。病気やケガに備え、各自が医療保険に加入したい。女性特有の病気を手厚くカバーした保険も有力な選択肢となる。

2人の貯蓄でどの程度までカバーできるかを考慮しつつ、不安な部分を医療保障で賄おう。そのうえで予算的に余裕があるなら、「病気やケガで長く無収入になる」という事態にも備えておくと万全。

条件　夫（会社員・30歳・年収600万円）、妻（会社員・30歳・年収500万円）

| | 主な保障内容 | 保険料 夫 | 保険料 妻 | 一言コメント |
|---|---|---|---|---|
| 死亡保障（10年定期）△ | 1,500万円 | 1,720円 | 1,219円 | 葬儀代などでパートナーに迷惑をかけない程度の保障で十分だ。 |
| 医療保障（終身）○ | 日額8,000円 がん治療給付金 80万円/回 | 4,144円 | 4,188円 | 手薄だと、病気やケガでパートナーに金銭的な迷惑をかけかねない。 |
| 就業不能保険（65歳まで）― | 月額10万円 | （参考 1,946円） | （参考 1,972円） | 金銭的に余力があれば、病気やケガで収入が途絶えるリスクも視野に。 |
| 合計 | | 5,864円 | 5,407円 | |

※P.152～157で掲載されている保険には解約返戻金や満期保険金、配当は含まれない。

子どもの教育費は確保したい

# ファミリー

**基本的な考え方**

- ☑ **万が一のときのために夫の死亡保障をメインに考える**
- ☑ **医療保険を組み合わせて夫の病気やケガに備える**
- ☑ **専業主婦であれば、医療保障を優先する**

## 家計を支えている人の死亡保障を中心に！

妻が専業主婦で、働いていたとしてもパート程度という状態なら、収入面で一家の大黒柱である夫の死亡保障を中心に考えるのが王道。万一の際、遺された妻子が路頭に迷わなくて済むだけの保険金を確保しておきたい。

加えて、医療保障にも目を向け、夫の病気やケガにも備えておこう。さらに、妻も医療保険に加入しておけば、不安はかなり解消されるはずだ。就業不能保険については、それでもまだまだ予算に余裕がある人はぜひ検討したい。

一方、共働きの場合は、それぞれの収入の家計への貢献度に応じた死亡保障を備えるようにしよう。もちろん、医療保障のほうもきちんとカバーしておきたい。

**条件** 夫（会社員・35歳・年収600万円）、妻（専業主婦・35歳）、子ども（5歳）

| | 主な保障内容 | 保険料 夫 | 保険料 妻 | 一言コメント |
|---|---|---|---|---|
| 死亡保障（10年定期）○ | 夫3,000万円<br>妻1,000万円 | 4,393円 | 1,146円 | 一家の大黒柱の死亡保障をしっかり確保し、万一の事態に備えよう。 |
| 医療保障（終身）○ | 日額8,000円<br>がん治療給付金80万円/回 | 4,935円 | 4,771円 | 夫と妻それぞれの医療保障も確保し、病気やケガの不安も解消。 |
| 就業不能保険（65歳まで）○ | 月額10万円 | 2,220円 | ー | 保険料に回せる予算があるなら、ぜひ検討したい。 |
| 合計 | | 1万1,548円 | 5,917円 | |

※P.152〜157で掲載している保険料は、ライフネット生命「かぞくへの保険」「新じぶんへの保険/おすすめコース」「働く人への保険」を基に計算。保険料は2015年1月時点。

ムダのない割安な保険を選びたい

# シングルマザー、ファーザー

**基本的な考え方**

- 万が一のときのために、死亡保障を厚くする
- ただし、保険料が生活費を圧迫しないよう、合理的な保険を選ぶ
- 教育費の確保も重要

## 保険料が割安な保険で死亡保障を充実させる

自分1人の収入で子どもを養っているなら、もしものことがあった場合はそれこそ一大事だ。子どもがそれなりの年齢に達するまでの生活費とともに、先々の教育のことも念頭に置きながら、できるだけ死亡保障を厚くしておきたい。

しかしながら、現実は保険に加入する前から、家計が苦しくてギリギリの生活を強いられているシングルマザーも少なくないだろう。シングルファーザーにしても、公的支援が行き届かなくて苦労しているかもしれない。

だから、保険料が極力安い保険会社を選び、その負担が日々の生活を圧迫しないように心掛けたい。先々の不安も解消すべきだが、目先の生活も重要なのだ。

**条件** 会社員・35歳・年収500万円、子ども(5歳)

| | 主な保障内容 | 保険料 男性 | 保険料 女性 | 一言コメント |
|---|---|---|---|---|
| 死亡保障(10年定期) ○ | 3,000万円 | 4,393円 | 2,938円 | 遺された子どもの生活費と教育費に回せるだけの死亡保障を確保。 |
| 医療保障(終身) ○ | 日額8,000円 がん治療給付金80万円/回 | 4,935円 | 4,771円 | 併せて医療保険で、入院や手術に伴う大きな出費にも備えたい。 |
| 就業不能保険(65歳まで) — | 月額10万円 | (参考 2,220円) | (参考 2,012円) | 金銭的に死亡保障と医療保障で手一杯なら、検討しなくてもいい。 |
| 合計 | | 9,328円 | 7,709円 | |

※P.152〜157で掲載されている保険には解約返戻金や満期保険金、配当は含まれない。

病気やケガで働けないときの備えを

# フリー・自営業

基本的な考え方

- ☑病気やケガでの入院・手術に備えて医療保障は会社員より厚めにする
- ☑病気やケガで長期間働けないときの保障を用意する
- ☑子どもがいなければ、死亡保障は最低限で

## 病気・ケガに伴う出費と無収入に備える

サラリーマンや公務員などと比べて、公的な保障がかなり貧弱なのがフリー・自営業者。言い換えれば、それだけ自助努力が求められるのだ。たっぷり貯蓄しているなら話は別だが、病気やケガで大金が出ていくことを想定し、できる限り医療保障を充実させたい。

しかも、フリー・自営業者は長期間病気やケガで働けなくなると、収入が途絶えたまま、見舞い金なども得られない。就業不能保険でそういったリスクをカバーしておくことが望ましいだろう。

死亡保障については、子どもや専業主婦の妻がいるなら相応の金額を確保すべき。だが、子どももいなくて妻も働いているなら、必要最低限の金額で十分と言える。

条件 夫（店舗経営・40歳・年収800万円）、妻（店舗経営・40歳・年収400万円）

| | 主な保障内容 | 保険料 夫 | 保険料 妻 | 一言コメント |
|---|---|---|---|---|
| 死亡保障（10年定期）△ | 夫2,000万円<br>妻1,500万円 | 4,498円 | 2,195円 | 子どもや専業主婦の妻がいなければ、必要最低限の保障でOK。 |
| 医療保障（終身）○ | 日額1万円<br>がん治療給付金100万円/回 | 7,343円 | 6,796円 | 貯蓄が乏しい人ほど、医療保障をしっかりと備えておくのがキホン。 |
| 就業不能保険（65歳まで）○ | 夫 月額20万円<br>妻 月額10万円 | 4,786円 | 2,047円 | 就業不能だと収入が完全に途絶えるので、そのリスクにも備えたい。 |
| 合計 | | 1万6,627円 | 1万1,038円 | |

※P.152～157で掲載している保険料は、ライフネット生命「かぞくへの保険」「新じぶんへの保険/おすすめコース」「働く人への保険」を基に計算。保険料は2015年1月時点。

病気やケガ、働けなくなったときを考える

# おひとり様

**基本的な考え方**

- 病気やケガでの入院・手術に備えて医療保障をメインにする
- 病気やケガで長期間働けないときの保障を用意する
- 死亡保障は親に迷惑をかけない程度の準備を

## 医療保障を中心に必要なら就業不能も

悠々自適と言えば聞こえがいいものの、誰にも振り回されない代わりに、すべて自分でこなさなければならないのが〝おひとり様〟の暮らし。特に病気やケガに伴う出費に対しては、貯蓄が不十分な人ほどしっかりと保障でカバーしておきたいものだ。

その一方で死亡保障については、必要最低限で十分。扶養家族もいないし、親に迷惑をかけない程度の備えで問題ない。

残る就業不能保険に関しては、どんな仕事に就いているのかで考え方が変わってくる。右ページのようにフリー・自営業者なら大いに検討すべきだが、サラリーマンや公務員なら公的保障もそれなりにアテにできるだろう。

**条件** 会社員・40歳・年収600万円

| | 主な保障内容 | 保険料 男性 | 保険料 女性 | 一言コメント |
|---|---|---|---|---|
| 死亡保障（10年定期）△ | 500万円 | 1,312円 | 898円 | 扶養家族がいなければ、必要最低限、葬式代の確保などで十分だ。 |
| 医療保障（終身）○ | 日額1万円 がん治療給付金 100万円/回 | 7,343円 | 6,796円 | 入院・手術に伴う出費に備えて、しっかりと保障を確保しておこう。 |
| 就業不能保険（65歳まで）○ | 月額15万円 | 3,652円 | 2945円 | フリー・自営業者なら、病気やケガによる無収入リスクにも備えたい。 |
| 合計 | | 1万2,307円 | 1万639円 | |

※P.152〜157で掲載されている保険には解約返戻金や満期保険金、配当は含まれない。

めちゃくちゃ売れてるマネー誌ザイが作った
コスパで選ぶ生命保険入門

2015年2月13日　第1刷発行

編 ―――――――――― ダイヤモンド・ザイ編集部
発行 ―――――――――― ダイヤモンド社
〒150-8409　東京都渋谷区神宮前6-12-17
http://www.diamond.co.jp/
電話／03-5778-7220（編集）　電話／03-5778-7240（販売）
執筆協力 ―――――――― 大西洋平
装丁・デザイン ――――― 五味 聡、新藤雅也、塚本望来（FANTAGRAPH）
イラスト ―――――――― JERRY
図版 ―――――――――― 地主南雲デザイン事務所
製作進行 ―――――――― ダイヤモンド・グラフィック社
印刷 ―――――――――― 加藤文明社
製本 ―――――――――― ブックアート
協力 ―――――――――― ライフネット生命保険
編集担当 ―――――――― 石川絵美


ISBN978-4-478-03920-5


本書の内容は2015年1月1日現在のものであり、予告なく変更される場合もあります。
また本書の内容は正確を期すよう努力を払いましたが、万一誤り、脱落等がありましても、
その責任は負いかねますのでご了承ください。